片田珠美

男尊女卑という病

幻冬舎新書
381

はじめに

男女平等が叫ばれて久しいが、実際には必ずしもそうなっていないと感じることが少なくない。

たとえば、タレントさん同士の夫婦の場合、妻のほうが売れていて、夫のほうはそれほどでもないと、「格差婚」などと揶揄《やゆ》される。妻が出産後間もなく仕事に復帰して、夫が育児に専念する意向を示すと、「ヒモ夫」呼ばわりされることさえある。

男女逆だったら、こうはならない。妻がいくら売れっ子だったとしても、家事や育児に専念して夫を陰で支えるのはむしろ美徳とされる。結婚を機に引退してから、一切表舞台に出なかった山口百恵さんがいまだに理想とされているのも、その表れのように見受けられる。

もちろん、出産も授乳も原則として女にしかできないので、出産をはさんで一定期間妻のほうが産休や育児休暇をとることは必要だろう。ただ、その後は夫が育児に専念して、妻が稼ぐという選択肢があってもよさそうなものだが、わが国ではまだ少数派で、そういう選択をした夫婦は「変わり者」と見なされることが多い。

共働き夫婦が増え続けており、今や1000万世帯の大台を突破しているが、それでも「夫が外で働き、妻は家庭を守る」スタイルへの支持がいまだに根強いことも最近の調査であきらかになっている。

2015年3月に実施された調査で、「パートナー（結婚相手）に求めるものは主に家事力と稼ぎ力のどちらですか」という質問に対して、女性の87％が「稼ぎ力」と回答している。一方、男性の68％が「家事力」と答えているので、大多数の男女が「夫が外で働き、妻は家庭を守る」ことを理想にしている実態があきらかになったのである（フリーキャリア総研調べ）。

特に若い世代では、共働きでなければ家計が成り立たないこともあって、「サラリーマンの夫と専業主婦の妻」という高度経済成長期の家族モデルは大きく変貌しつつある。また、「家事メン」や「イクメン」もマスコミでもてはやされている。それでも、女性の側からは、「家族を支える大黒柱はやはり夫であってほしい」という声が、男性の側からは、「妻に家庭を守ってもらうことで、安心して仕事ができる」という声が寄せられているところを見ると、昔ながらの家族のあり方はなかなか変わらないのかなと思う。

おそらく、その背景には、希望の職種に就けないとか、職場でいつでも取り替え可能な「部品」としか見なされないとか、昇進に「ガラスの天井」があるといった女性の不満が潜んでいるのだろう。こうした不満を抱えながらクタクタになって働き続けるよりも、家庭に入ったほうが幸せになれると感じているのか、若い女性の専業主婦願望が最近高まっているという。

このような生き方を非難するつもりは毛頭ない。ただ、夫に経済的に依存せざるをえない状況は、様々なリスクをはらんでいることを忘れてはならない。夫がリストラされるかもしれないし、夫が浮気して他の女のもとに走るかもしれない。あるいは、経済力のない妻だったら逃げられないだろうとたかをくくった夫からモラハラやＤＶ攻撃を受けるかもしれない。

もちろん、経済力だけが男女平等の指標ではない。だが、ひと昔前に「戦後、強くなったのは女性と靴下」というフレーズが流行したが、女性が強くなった最大の要因は、経済力をつけて自立できるようになったことである。

そういう視点から日本をながめると、男女の賃金格差がなかなか縮まらない現状が浮かび上がってくる。男性と比べた女性の給与は、いまだに7割の水準にとどまっており（厚生労働省「賃金構造基本統計調査」）、欧米諸国の8〜9割と比較すると、賃金格差がより大きいことがわかる。だからこそ、シングルマザーの貧困が社会問題になるのだろう。

まあ、男女平等に関しては世界で一番進んでいるように見えるアメリカでも、男女の賃金格差はあるので、完全なる男女平等への道はかなり険しいのかもしれない。

そのためだろうか、最近、アカデミー賞女優のメリル・ストリープが男女平等憲法修正条項のサポートを促すべく、アメリカの国会議員全員に手紙を送ったという。また、ミシェル・オバマ大統領夫人と対談した際に、「私たちは平等なように見えているわ。でも実際はまだそこにはたどり着けていないのよ」と語っている。

すべてを手に入れたように見えるメリル・ストリープさえ、こんなふうに感じているくらい、男女平等の実現が難しいのだとすれば、その理由は一体何なのかを分析するのが本書の目的である。

断っておくが、私はフェミニストではない。むしろ、フェミニストの主張に対しては批判的なまなざしを向けている。男女の違いをいったん受け入れて、男女の間にはわかりあえなさがあることを認めたうえで、お互いに生きやすい社会を築くにはどうすればいいのかを考えようというのが、私の立場である。

また、いいか悪いか、正しいか間違っているかという価値判断は、できるだけ控える。このような価値判断は保留にしたうえで、目の前にある様々な出来事や騒動を取り上げて、精神分析的にはどのように捉えられるのかを論じていくことにしたい。

まず第1章で、男尊女卑の感覚が無意識のうちに表れている言動を取り上げる。次に第2章で、その背景に潜んでいる男性優位を容認する社会心理について分析し、さらに第3章で、男性優位は無意識なのか、それとも学習したものなのかについて論じる。

第4章では、社会の男女平等観の変遷を振り返り、第5章では、男女の違いをどう捉えればいいのか、具体的な事例にもとづいて分析する。

最後に第6章で、男尊女卑のスパイラルに陥らないための処方箋を提案したい。

あなたが、職場や家庭で男女間のわかりあえなさを何となく感じており、そのために悩んでいたら、是非お読みいただきたい。

男尊女卑という病／目次

第6章 男尊女卑のスパイラルに陥らないために 133

第1章 どんな言動に表れるのか

かつての東京都議の女性蔑視のヤジ発言――「早く結婚したほうがいい」「産めないのか」等々――は、ニュースでも大きく取り上げられ話題となった。しかし、そこまであからさまでなくても、妻や恋人を日常的に軽んじ、男性優位の〝上から目線〟でしか女性を見られない人はいる。

彼らは無意識のうちに、女性を一段下に見てしまっている。それを本人や周囲から非難されても、本質的な部分では、相手の気持ちが理解できない人も少なくない。彼らはなぜ女性を軽んじるような言動を自然ととってしまうのか。

この章では、男性優位が表れた身近な例を挙げながら、そこに潜む彼らの思い込みや、心理的背景を見ていきたい。

責任者は〝男性〟と無意識に思い込む人たち

男性が無意識に女性を軽んじてしまう典型的な例は、社会的ポジションに関するものだろう。

たとえば、ある30代の女性編集者のところに、読者から問い合わせの電話がかかってきた。購入した本の内容に関することで質問があるという。取り次がれて出ると、電話の相手は声から推測して、50代から60代ぐらいの男性だった。

その男性から、「この部分はどういう意味なのか。内容が間違っているのではないか」と聞かれ、書籍の担当責任者である彼女は丁寧に説明をした。しかし、その男性は説明に納得がいかなかったのか苛立《いらだ》ち始め、「いいから、この本の責任者を出してよ」と言ったという。その男性は、電話口で説明している女性より上に、男性の責任者がいるものと思い込んでいたのである。

このような話は、よく見聞きするのではないだろうか。

たとえば企業のお客様窓口はたいてい女性が担当しており、クレームもその担当者が受けることが多い。けれどもいまだに、「女じゃ話にならないから、男を出して」と、はじめから話をまともに聞こうとしない不躾《ぶしつけ》な人もいるらしい。

女性を軽視する傾向がある人は、まったく悪気なく失礼なことを口にする場合も多い。ミスや失敗を責められるのなら反省し、改善することもできるが性別は変えられない。何も反論できず、悔しい思いをしている女性は多いことだろう。

私がまだ若い頃に勤務していた病院でも、こうしたことはあった。さすがに患者さんから面と向かって「男性の医者に替えてほしい」と言われたことはないが、部長として着任した当時の男性医師に、「女の医者は信用ならない」と言われたことはある。特に私が医者になったばかりの30年前は、女医が少なかったこともあって、周囲のそういった反応は珍しくなかった。今の医学部は女子学生が3分の1を占め、女医もよく見かけるようになった。それでもまだ、医者は男性がなるものだと思い込んでいる人は少なくない。

最近、研修が終わったばかりの若い優秀な女医にこんな話を聞いた。

入院していた患者さんが夜中に「せん妄《もう》（意識障害の一種で、しばしば幻覚や妄想を伴う）」を起こし、暴れていたという。彼女が呼ばれて病室に行くと、患者さんは幻覚症状もあって興奮状態が収まらない。そこに男性の看護師が駆けつけた。すると、途端にその患者さんはおとなしくなったのだという。

おそらくその患者さんは、もうろうとした中でも、女医を「看護師」、男性看護師を「医者」と思ったのだろう。「そういう時、すごく悔しい思いをするんです」と彼女は話した。昔に比べてずいぶん状況は変わってきてはいるが、似たような話は今もあるのだ。

実際、日本では、責任者や社会的な地位の高い職業に就いているのは男性であると思い込んでいる人が多い。社会全体が、女性が上のポジションに就くことにまだ慣れていないこともあるのだろう。次のようなケースからもそれはわかる。

男性がお茶出しをした時に流れる微妙な空気

たとえば、仕事で訪れた会社でお茶を出してくれるのは、圧倒的に女性である。ごくまれに若い男性がお茶を出してくれるところもある。聞くと、そういう会社では、男性がお茶を出すと、相手の客が驚く表情を見せたり、「こちらでは男の人がお茶を出すんですね」と直接言ったりすることもあるという。

接客している当人が女性だと、男性にお茶を持ってきてもらった際に居心地が悪いと感じることもあるようだ。彼女のほうが上司でも、(男性にお茶汲みなんかさせて……)という視線を、彼女に無遠慮に向ける客がいるらしい。特に来客相手が年配の男性だと、何か言いたくてたまらない空気をひしひしと感じるという。

これは男女差のあまりない会社で聞いた話だが、男性優位が職場に染み渡っている会社だと状況は逆戻りする。女性の役職が上でも、暗黙のうちに、お茶出しや電話番は〝男性より一段下の〝女性の役目になっている。一例を挙げよう。

デザイン会社に勤める30代後半の女性には、後輩の男性が2人いた。彼女は勤続10年目で、ポジション的には彼らより上である。その日はあいにく営業や打ち合わせでみんな出払っていて、会社にはほとんど人がいなかった。

次々かかってくる電話に、彼女は自分の仕事をこなしながら、ほとんど1人で応対していた。見ると、後輩たちは、黙々と自分のことだけやっている。たまりかねて、彼らに「電話に出て」と言ったが、その時は何本かとっても、そのうちまた彼女だけが忙しく電話をとる羽目になった。

そこに50代の男性上司が追い打ちをかけた。「○○君、悪いけど、お客さんが来たからお茶出してもらえる？」

男性上司の目の前に、あきらかに彼女より暇そうな、若い男性が2人も座っているのに、お茶出しは彼女に回ってきたのである。お茶出しも電話番も大事な仕事の一つだと彼女もわかっている。こんなことで肩書きを振り回そうとも思っていない。けれども彼女は腑《ふ》に落ちないものを感じた。

彼女たちが男性より軽んじられてしまうのは、中途半端なポジションだからというわけでもない。会社を起ち上げた女性社長であっても同じようなことはある。女性起業家があるインタビューに答えていて、印象的な話があった。

起業家が集まる交流会に参加したその女性は、会場にいた男性から、彼女の仕事の内容についていろいろ質問をされていた。起ち上げたばかりの会社に興味を持ってもらえるのは嬉しかったし、その男性はソフトで感じもよかった。

けれども最後に「パトロンはいるんですか？　いや、お若く見えるから」と普通に聞いてきたそうである。

もちろん彼女にそんな人はいない。意識の高い人が多そうな起業家の集まりでも、トップの女性の後ろにはさらに上の立場の男性がいるはずと思い込んでいる人もいるのである。

妻を人前でバカにする夫

公の場では一見ソフトな印象で、女性に理解を示していても、家に帰れば内弁慶《うちべんけい》で、あからさまに妻を見下す態度をとる男性もいる。

たとえば、結婚して間もない20代後半の専業主婦の女性は、夫に頼まれた物を買い忘れたり、道に迷って待ち合わせ時間に遅れたりすると、「なんでこうなるの？」「どうしたらこんな簡単な道で迷えるの?」などと小バカにされ、そのたびにみじめな気持ちになっていた。

友達夫婦と集まった飲み会でも、妻を貶《おとし》めるような話を彼は平気でする。妻を話のネタに場を盛り上げているつもりかもしれないが、面白い話でもない。周囲が微妙な空気になっているのに、デリカシーのない夫は気づかない。結婚する前は優しかったのに……とその女性は悩んでいた。離婚するほどの理由ではないにしても、毎日言われ続けるとさすがにつらい。結婚している間中、私はバカにされ続けなければならないのかと悶々としているという。

夫に普段から見下され、おまえは何もできないとか、バカとか豚とかそういった言葉を浴びせられて悩んでいる女性は結構いる。夫は笑いながら言うこともあるし、妻は夫に愛着もあるので、彼が愛情を持って言っているのか、本当に蔑《さげす》んで言っているのか、よくわからない。だから困るし、悩んでしまうわけである。

このような夫は、なぜ当たり前のことのように、日常的に妻を軽んじる言動をとってしまうのか。

一つ考えられるのは、その男性自身も職場で上司や同僚に見下されたり、小バカにされたりしている可能性があるということだ。男性は、自分が受けたのと同じ仕打ちを、自分より弱い対象——ここでは彼の妻——に加えることによって、攻撃された時に抱いた無力感や屈辱感、不安や恐怖を乗り越えようとしている。フロイトの娘アンナ・フロイトが「攻撃者への同一化」と名づけたメカニズムである（外林大作訳『自我と防衛』誠信書房）。

いじめられっ子が自分よりさらに弱い者をいじめて、いじめっ子に変わるプロセスや、虐待を受けていた子供が大人になって自分の子供に暴力を振るう過程でも、このメカニズムは表れる。

その男性は今の職場で、「なんでこんなこともわからないんだ」「ダメなヤツだな」などと上司にあきれられ、女性社員にもバカにされているのかもしれない。あるいは子供の頃から、おまえはダメな子だと親にさんざん蔑まれて育ってきたのかもしれない。言われたことへの怒りや不安を、その原因を作った上司や親に対して直接表すことができなければ、自分より立場の弱い者に向け変える「置き換え」によって発散するしかない。

ただこれは無意識の行動なので、男性には、妻を傷つけているという自覚も、妻が嫌がっているという認識もない。

だから女性の側としては、本当に嫌なら「傷つくからやめてほしい」と夫にはっきり言うべきである。我慢し続けると、鬱《うつ》になったり、消化器系の病気になったり、じんま疹《しん》が出たりして、心身の症状の形で表面化することもある。先の奥さんはまだ結婚したばかりだが、夫のこうした仕打ちに40年も50年も耐え続け、離婚を決断できないまま体調を崩してしまう女性も少なくない。

週末になると動悸や不安がとまらなくなる60代女性の例から

たとえば、週末が近づくと不安になって仕方がない、夜も眠れないと訴えて受診した60代の専業主婦の次のようなケースである。

子供はみな独立し、彼女は10歳年上の夫と2人で暮らしている。ただし、夫は数年前から仕事の都合で地方へ単身赴任をしていて、週末になると帰ってくる。そして週明けにまた赴任先へ戻るという生活である。

日頃は離れて女1人で暮らしているので、夫が帰ってきて安心するのかと思いきや、そうではない。彼女は金曜日の夜が近づくと動悸《どうき》が激しくなり、睡眠薬を飲まないと眠れなくなるという。「主人が帰ってくると想像するだけで、不安で不安でたまらなくなるんです」と彼女は嘆いていた。

というのも、その夫は潔癖症で、家に帰ってくるなり、「靴の並べ方が違う」などと怒り出し、靴箱の靴を全部取り出して並べ替えるのだという。さらに、彼女が毎日掃除しているにもかかわらず、夫は掃除機をかけなおし、物の置き方を納得のいくように変えてしまう。このような夫の行動は、妻の掃除や整理の仕方が悪いと暗にほのめかしているようなものである。

子育てに夢中になっていた頃は見えないことも多く、経済力もないので、何かあっても感情を押し殺して耐えてきた。しかし2人暮らしになり、週末、夫が帰ってくるたびにこれまで以上の細かいダメ出しがあるので、彼女は気が休まる暇がない。夫はもともと真面目でおとなしい性格で、給料もきちんと持って帰ってくるタイプだ。浮気をするわけでもなく、とりたてて悪いところはない。しかし、強迫的とも言えるほど細部にこだわるアラ探しに、彼女はすっかり参っていた。

この夫の行動が、単身赴任になって目立つようになったことから考えると、夫は自分より立場の弱い妻に「置き換え」をしている可能性がある。たとえば単身赴任先で不本意な仕事を任され、上司に嫌みを言われ、仕事ができない烙印《らくいん》を押されているのかもしれない。それで家に帰ってくるたびに、妻を攻撃してうっぷんを晴らしているとも考えられる。

普段、おとなしく従順で抑圧されやすいタイプほど、「置き換え」のメカニズムは起こりやすい。

この夫はまだ現役だが、定年になって家にずっといるようになった男性の心理は、さらに複雑だ。これまでは部下もいてそれなりの地位にあった人が、ある年齢を境に「あなたはもう会社に必要ありません」と宣告されるつらさ。頭では理解していても、感情がついてこない。人の上に立ちたいとか、支配したいという欲求も残っている。しかし言うことを聞かせられる相手は妻しかいない。

そのため、仕事を奪われたことによる悔しさや怒りを「置き換え」によって妻に向けるしかなく、家事のアラを探し、遊びに行く妻を「いつ帰るんだ」と非難めいた口調で責めるようになるのである。

こんな定年夫を抱えた妻たちが、体調を崩すケースは増えている。妻たちの不調は最近、「主人在宅ストレス症候群」と呼ばれているそうだ（黒川内科　黒川順夫院長）。出てくる症状は、じんま疹、高血圧、ぜんそくなど様々だという。

こうした夫婦間の不幸な事例は、夫の職場での負荷や抑圧からくる「置き換え」がもたらすものだが、子供の頃から「男は男らしく」と言われ続けてきた人ほど、女性全体を見下すようになりやすい。

「女は泣けばいいと思っているんだから」と責める人

このような傾向は、たとえばオフィスで見聞きするこんな光景に表れる。

若い女性社員が仕事でミスをしてしまい、男性上司に席に呼ばれ叱責されている。声を荒らげはしないものの理詰めで責める男性上司に対し、女性社員は「申し訳ありません」と小さな声で謝り続けていた。

しかし男性上司の気持ちは収まらない。「なんでこんなバカなことをしたのか、おれには本当にわからないんだよ。わかるように説明してくれよ」としつこく言われ、女性社員は思わず悔し涙を流してしまった。

男性上司はバツが悪くなったのか、あきれた顔で、「もういいよ」と席に戻るよう女性に促した。そして彼女の後ろ姿に向かって、ため息をつきながら、「女はいいよな。泣けば許してもらえると思っているんだから」と、嫌みたっぷりな言葉を投げかける……。

叱責されて悔し涙を浮かべた1人の女性のケースを、女性全体の話にすり替え、「だから女は」といった発言をする男性上司。こうした男性たちは、子供の頃から「男性性」を理由に、自分の欲望を抑えられてきた可能性が高い。社会的にも、男性は泣くものではない、というのは半ば常識のように受け入れられている。

おそらく、この男性上司も子供の頃から、「男の子なら我慢しなさい」「男の子なんだから泣いちゃダメ」というふうに、親をはじめとして周囲の大人から負荷をかけられてきたのだろう。その結果、彼らの「我慢したくない」とか「泣きたい」という欲望は、男であることを理由に抑圧されることになった。

この「男の子なんだから」という言葉は、実は、親にとっては子供をなだめるための便利な道具でしかない。

たとえば、電車の中で大声で泣く息子に困ってしまい、「男の子なんだから泣いてちゃダメよ。恥ずかしいでしょ」と叱責する。男の子も、自分が男であることはわかっているから、明確な理由で怒られていると感じる。素直な子供ほど親に怒られれば、自分が悪いんだと思うものである。

やがて、こうした言葉が繰り返されるうちに、「男なんだから強くならないと」と子供は思うようになっていく。そのため、転んで痛い思いをしても、喧嘩《けんか》に負けて悔しい思いをしても、ぐっとこらえるようになる。感情をコントロールする術《すべ》を身につけるのである。

こうして感情を抑圧することを学習した男性たちは、社会に出て理不尽な思いをしても、感情をあまりあらわにしない。怒りや悲しみを抑え込む。その重しとなっているのは、子供の頃に刷り込まれた「男の子なんだから」という反論しようのない理由である。

このような男性たちの目に、女性はどう映るのだろうか。

彼らの目には、女性たちは我慢が足りないように映る。つらいことが少しでもあると、すぐ、おおっぴらに感情を出しているように見えて仕方がない。つまり、自分がしたくても我慢してきたことを、女性たちは軽々と平気でやっているように見えるのだ。

そういうことに対する羨望や悔しい気持ち——それが先の「女はいいよな」という言葉につながっていくのである。

「女はすぐ感情的になるから」と小バカにする人

女性は論理的でない、すぐ感情的になる。これは女性に対する批判として、よく聞く言葉である。25年ほど前に、「女性は政治に向かない。生理の時はノーマルじゃない。そんな時に国政の重要な決定などされてはたまらない」と今も現役の政治家が発言して話題になったこともあった。

私も医学部在学中、教授に似たようなことを言われた経験がある。進路で悩み、男性教授に相談しに行った際、「女は生理があるから外科医に向かない。感情的に不安定になるから、メスは握らせられない」とはっきり言われたのだ。だいぶ年配の教授だったが、驚きを隠せなかった。今こんなことを言ったら、セクハラ発言としてかなり問題になるだろう。しかし口には出さなくても、同じようなことを思っている男性は、今も結構いるのではないか。

その背景には主に二つの理由があると考えられる。

一つは、彼らが過去に出会ってきた女性に、感情的な人が少なくなかったという経験からくるもの。先の「女性は政治に向かない」発言をしたのは、現東京都知事の舛添《ますぞえ》要一氏だが、彼の元妻は政治家の片山さつき氏。最近、参議院の外交防衛委員会の遅刻を詫びる時に涙ぐんだり、討論番組でヒステリックに発言したり、感情をあらわにする姿が印象的だ。エリートの高学歴女性によく見られるパターンである。

この高学歴女性の陥りがちな罠については後の章でも触れるが、こうした女性たちの言動に触れる機会が多かった男性が、女性は感情的な生き物と思うようになっても不思議ではない。

実際、女性は生物学的に見ても、生理という現象があり、「エストロゲン」と「プロゲステロン」という2種類のホルモンが交互に増減して、そのバランスが2週間ごとに大きく変わる。場合によっては頭痛や腹痛に悩まされたり、体がしんどくなったりするから、気分に波があるのは否定しがたい。

出産前後や閉経前の更年期にも、ホルモンの影響を受けて、やはり感情が不安定になりやすい。実際、鬱の統計をとると、女性のほうが男性の1・5倍くらい多い。そういう面から、男性が女性を「すぐ感情的になる」と考えてしまうのもやむをえないかもしれない。

だが、それだけではない。女性を感情的だとバカにする男性には「ファルス（男根）がない女性への蔑視」が潜んでいることが多い。つまり、男性の無意識の中に、ファルスのない女性に対する優越感と蔑視があり、女性を軽んじる様々な行動に結びついているのである。

このフロイトの精神分析にもとづいた「ファルス優位」と「去勢コンプレックス」については、第3章で詳しく述べる。去勢コンプレックスから女性蔑視へ至るプロセスの説明も、後の章にゆずるが、「男の子にそれがついていて、女の子にはない」という誰もが経験する幼児期の体験が、男女双方に与える影響は想像以上に大きい。

フロイトの精神分析については、「ファルス中心主義」と言われ、両性の平等と等価を要求するフェミニストなどから批判があったようだ。また昨今の性同一性障害が提起する、新たな性差の問題もある。ただ、「男女の形態学上の差異は、精神的な発達に差異をもたらさずにはおかない」というフロイトの性理論は、男女の考え方の違いを知るうえで、非常に有効なのである。

次のようなケースも、男性の「ファルス優位」が言動に表れたわかりやすい例と言えよう。

「女の武器を少しは使え」と強要する人

30代後半のY子さんは、今の会社に勤めて10年ほどになる。同期の男性も何人かいて、そのうちの1人は出世頭。彼は、ある新規プロジェクトに抜擢されて、若い人たちを何人も集めたチームのリーダーになった。そんなに仲がいいわけではないが、時折、すれ違う時に雑談を交わす仲である。

ある時、彼のチームに所属する女性たちが、何人も一気に辞めてしまうことがあったという。Y子さんは、その新規プロジェクトの内容が大変だということは知っていたし、朝早くから夜遅くまで、そのチームが働いているという話は聞いていたので、仕事の大変さに耐えられなくなってしまったのだろうと思っていた。

ところが、あとから周囲の噂で聞いた話だと、仕事の内容とはまるで関係のないところで、女性たちは辞めてしまったのだという。どうも、リーダーである彼の女性に対する態度がひどすぎて、始まった当初から問題になっていたようだ。

たとえば、取引先と飲む機会があると、「パンツスーツは禁止、必ずスカートで来い」というお達しが女性たちに出された。

取引先の手前もあるのだろうが、「ほら、お酒ついで。こういうところが気が利かなくて、ほんとすみません」などと、女性たちをコンパニオン要員として扱う。そして、自分の思い通りに事を運べなかった女性に対しては、「少しは女の武器でも使わないと、何にも仕事とれないよ」と諭したのだとか。そういう面が彼にあるとは知らなかったので、Y子さんは本当に驚いてしまったそうだ。

彼がノルマ達成の厳しい状況に追い込まれていたのか、あえてチームの悪者になって部下たちを叱咤激励しようとしたのか、さだかではない。

ただ、その話を聞いている限りでは、もともと彼の中に潜んでいたファルス優位の思考が、言動に表れたものと推測できる。〈それ〉を持っていない女性に対する優越感と蔑視である。

しかも、Y子さんのような同世代に対しては出せないため、自分より立場の弱い女性たちに向けられたのだろう。

ちなみに、この30代の男性リーダーは、若い男性社員に対しても、「おれはなよなよしているヤツが本当に嫌いなんだよ」などと叱責していたというから、先の「女は泣けばいいと思っているんだから」というのと同じように、彼も、男性性を理由に感情を抑圧されてきたのかもしれない。

こうしたファルス優位の思考については、女性にはなかなか理解しづらいところもあるだろう。そこで、一つの極端な例として、この章の最後で、男性に多い「露出症」について触れておきたい。

露出症の心理からわかること

自転車に乗って女子中学生とすれ違いざまに局部を見せたり、女性のアルバイト店員の前でズボンを脱いだり、電車内で女性客の背後で下半身を露出したり……といった行為で、公然わいせつ罪で逮捕される人たちがいる。そのほとんどは男性である。女性の露出症というのは、あまり聞いたことがない。

露出した理由について彼らは、「女子中学生に見られると嬉しかった」「ストレス発散のためにやった」などと供述することが多い。自分の性器を女性に見せることで、性的な興奮を覚えたり、優越感を抱いたりするのである。

なぜ局部を人に誇示することで快感を覚え、優位を感じるのだろうか。

このような露出症について、フロイトは次のように述べている。「自分の（男性の）性器が無傷であることを繰り返し強調」して、彼らは「幼児的な満足を反復している」と（『性理論三篇』1905年）。

露出症の男性は、女性の前で自分のファルスを見せつける。それに対し、女性は「キャー」と叫んだり、顔をしかめたり、驚いて逃げたりする。つまり、そうした女性の反応を見るたびに、自分に無傷で完全なファルスがきちんとついていることが確認できる。それが喜びや快感、女性に対する優越感につながっているのである。

だから、肝っ玉の据わったおばちゃん相手にはあまり見せない。彼女たちはうんともすんとも反応しないし、フンと鼻先で笑ったりもする。そういう反応では、彼らの快感にはつながらないからだ。

彼らが持つこうした優越感は、裏返すと、ついていないことへの不安、とも言える。相手の反応を見ないとついている安心感を得られないのだから。

つまり、露出症の男性は、ファルスを失う不安に、常にさいなまれ続けているからこそ、「おれは持っているんだぞ」と、他人に誇示せずにはいられないのだ。

だからこそフロイトは、露出症は「去勢コンプレックスと密接な関連がある」(同書)と指摘したのである。

もちろん、世のほとんどの男性は、露出症のような行為には至らない。けれども、特に理由もなく女性を軽んじたり、男性優位の言動がポロリと出たりする背景には、こうした心理が潜んでいると考えられる。男性のほうが女性の前で下ネタを言うのが好きなのも、似たようなものである。

この「去勢コンプレックス」は、実は女性の中にも、男性とまた違った形で存在している。そのことが男尊女卑の共犯関係を作ることもあるのだが、これについては第3章で詳しく見ていくことにしよう。

次の章では、古くからの慣習や、いわゆる世間に潜む男尊女卑のケースを見ていくことにしたい。

第2章 男性優位を容認する社会心理

男性優位の思考は、いわゆる昔からの慣習や常識に根差していることが多い。ニュースを見ていると、その人が女性ではなく男性だったら、同じ話題でもそこまで世間に非難されただろうか、と思うようなケースも少なくない。「女性性」を理由に、社会から責められたり、軽んじられたり、時には過剰に持ち上げられたりするのだ。

この章では、こうした世間の動向に潜む男性優位の集団心理に焦点を合わせたい。

雅子様バッシングに見え隠れする男尊女卑とは

男女平等が世間に広く認識されるようになった今でも、男性優位が自然に受け入れられていることの一つに、家の跡継ぎ問題があるだろう。特に地方では、家業や土地は長男が継ぐものといった風潮が根強くある。こうした家制度の名残にことさら言及する必要はないかもしれない。

だが跡継ぎを産む立場の女性に対する周囲の反応に視点を移すと、別の問題が浮かび上がってくる。その女性が男児を産むか産まないかで、女性に対する周囲の態度が変わるのだ。男児を産めば、立派に務めを果たしたと賞賛される。産んだ子が女児なら「早く跡継ぎを」と周囲にせかされ、常にプレッシャーをかけられるという話も聞く。子供ができなければ肩身が狭いままである。こうした男尊女卑の弊害は、旧家や名家であるほど根強く残っている。

たとえば、皇室は日本の一番の名家と言えるが、ここにも日本社会を象徴する現象が起こっている。特に皇室を取り巻く周囲の反応は興味深い。皇太子妃雅子様と秋篠宮《あきしののみや》妃紀子様という、対照的な2人の女性に対する世間の反応に、それはよく表れている。

10年ほど前に適応障害と診断された雅子様。最近は、ご公務での元気なお姿を見かけるが、公務を欠席がちな時は「自覚が足りない」「公務を選《え》り好みしている」といったバッシングがメディアで絶えなかった。

雅子様は、ハーバード大学卒の帰国子女。その後、キャリア官僚として外務省に入るという華やかなキャリアウーマンコースを歩んできた。猛勉強し、ご自身の努力ですべてを勝ち取ってきた女性、という評も聞く。このような能力が皇室ではなかなか発揮できず、環境に順応できなかったという話もある。

一方の紀子様。やわらかな雰囲気があり、雅子様が華やかな欧米風美人であるのに対し、紀子様は楚々とした和風美人である。男性を立てる女性というイメージが強く、秋篠宮様に寄り添うように公務をこなされている。

以前、「週刊文春」で「雅子様と紀子様のどちらが皇后にふさわしいか」という一般アンケートをとっていた（「皇室の将来を考える1500人大アンケート」／「週刊文春」2013年7月1日）。その結果、雅子様がふさわしいと答えたのは全体の38％、紀子様は62％だったという。特に女性の約7割が紀子様を選んだとか。

雅子様に対する世間のこうした厳しさの背景には何があるのだろうか。私の目には、その背景に、愛子様を2001年に産んだ雅子様と、お世継ぎである悠仁《ひさひと》様を2006年に産んだ紀子様に対する世間の反応の違いがあるように映る。

雅子妃がご公務をたびたび欠席されていることも一因かもしれないが、はたして愛子様が男の子だったら、雅子様はあそこまで長期間、体調を崩されていただろうか。世間から執拗《しつよう》にバッシングされ続けることもないのではないか。

同じ「週刊文春」のアンケートで「愛子様と悠仁様のどちらが天皇にふさわしいか」という設問に対し、75％が「悠仁様」と答えたことからも、「跡継ぎは男であるべき」と考える人が想像以上に多いことがわかる。

愛子様しかいなかった頃は、皇室典範を改正して女性も天皇になれるようにしたほうが良いと賛成していた人が多かったのに（「女性天皇 容認86％ 継承順位は意見二分」／「朝日新聞」2005年2月1日）、である。悠仁様が生まれてからは、そういう空気は一気にしぼんでしまったかのようだ。

さらに、雅子様バッシングの背景には、「自己主張する女性」より「男性を立てる女性」を日本社会がよしとする風潮も垣間見える。自分がしたいことを主張する女性は、男性を立てる女性より社会の反発を受けやすい。それについては、別のケースを参照することにしよう。

女性タレントの不倫騒動と柳原白蓮

〝クローゼット間男〟氏との不倫騒動の末、離婚した女性タレントがいる。世間一般のすさまじい非難を浴び、テレビ番組を降板、タレント活動は1年以上、休業に追い込まれた。その後の謹慎生活を経て、テレビで謝罪・弁明し、最近ようやく活動を再開したが、完全復活とはいかないようだ。

私は不倫騒動が起こった直後から、コラムなどを通してずっと彼女にエールを送り続けてきた。世間が何と言おうと、自分の欲望に忠実な彼女の生き方が美しいと思ったからである。

彼女が激しく叩かれたのは、「女だから」ということにもよるのではないか。もしも、不倫の当事者が男性タレントだったら、おそらくあれほどの騒動にはならなかっただろう。どちらかというと、この女性タレントを非難した世間の声は、男性より女性のほうが大きかったように思うが、まずは男性の非難の背景から探っていきたい。

まず、「女性は男性の所有物」という感覚の男性が少なくない。そういう男性にとって、女性はあくまでも男性の性欲を満たす対象なので、所有物である女性に勝手なことをされては困るわけだ。そのため、たとえ自分が不倫をしていたとしても、相手の女性が不倫をすることは許せない。

堂々と不倫を公言し、世間にバッシングされた著名な女性で思い出すのは、NHK連続テレビ小説『花子とアン』で、仲間由紀恵さん演じる葉山蓮子のモデルになった、歌人の柳原白蓮《やなぎわらびゃくれん》（1885〜1967）だ。

白蓮は九州の炭鉱王と結婚したあと、豪奢《ごうしゃ》な生活を捨て、7歳年下の東京帝大出のインテリ青年と駆け落ちした。そして夫宛の絶縁状を新聞に掲載。これに対して、夫の炭鉱王も新聞記者のインタビューに答える形で、3度にわたって反論文を発表している。インタビューでは結婚生活の苦悩や、絶縁状を新聞に掲載されたことに対する憤りを語った。最初のうちは、白蓮を悲劇のヒロインと扱う見方もあったようだが、夫の反論文によって、世間の白蓮批判が一気に高まったという。この白蓮事件が起きた大正時代は、男性が遊郭《ゆうかく》へ通ったり、妾《めかけ》を持ったりすることが当たり前の時代だった。夫のある妻とその姦通《かんつう》の相手である男性に適用される「姦通罪」もまだ残っていた。夫の所有物である妻は、どんなことがあっても夫を支え続けることが当然とされていた。

今から90年以上も前の話だが、女性タレントに対する世間の意識は、その頃とほぼ変わっていないように見受けられる。

非難した女性たちの心理も、基本的には昔と変わっていないだろう。つまり、世間の女性たちにしてみれば、自分たちがしたくてもできないことや我慢していることを、先の女性タレントはした。自分の欲望に忠実に従い、他に男を作って楽しんでいた彼女を絶対許せない、というわけで、羨望が潜んでいる。

17世紀のフランスの名門貴族で毒舌家のラ・ロシュフコーは「羨望というのは、他人の幸福が我慢できない怒りなのだ」と言っている。これはまさに人間心理を言い当てた言葉である。

未婚の母に対する社会の風当たり

女性に対する世間の厳しい視線があらわになるもう一つのケースは、シングルマザーに対するものだろう。離婚して子連れになったシングルマザーより、法的に婚姻関係がないまま子供を産んだ「未婚の母」への世間の風当たりのほうがより強いようだ。

日本で誕生した子供のうち、法的な婚姻関係にない「事実婚」や「内縁」の夫婦の間に生まれた、いわゆる婚外子《こんがいし》の割合は2・21%だという（厚生労働省「人口動態統計」2013年）。この数字は、欧米と比べるとかなり低い。たとえば、フランスでは生まれてきた子供の半数以上を婚外子が占めている。未婚で出産することは、それほど珍しい話ではない。

たとえば、女優のカトリーヌ・ドヌーブは未婚のまま、映画監督のロジェ・バディムとの間に息子をもうけている。バディムは生涯に5回も結婚した「モテ男」で、ブリジット・バルドーやジェーン・フォンダとも結婚していたことがあるが、ドヌーブとは結婚しなかったようだ。また、ドヌーブには、俳優のマルチェロ・マストロヤンニとの間にも娘がいる。ドヌーブに限らず、フランスの女優さんには、未婚の母が多い。イザベル・アジャーニも、ソフィー・マルソーも、結婚せずに子供を産んでいる。

フランスで婚外子が増加した背景には、パックス（連帯市民協約）法（１９９９年）がある。正式に結婚していなくても、同棲して共同生活を送っていれば、社会保障の受給権や税金の優遇措置などが、結婚した夫婦とほぼ同様に認められる。制約が少なく、解消も容易という手軽さが受けて、パックス婚を選択するカップルが増えている。何より、婚外子やその母親に対する差別や偏見が少ない。

一方、日本はどうか。「できちゃった婚（おめでた婚）」こそ珍しくなくなったが、出産と結婚は切り離せないと考える向きが相変わらず多いようだ。

離婚したシングルマザーに対する社会的なバックアップも少ない。公的援助もあるものの、ハードルが高くてなかなか支給されないとも聞く。就職先を見つけるのも難しく、年収も低い。そして未婚の母に至っては、制度以前に、世間に白い目で見られることは想像に難くない。

たとえば、日本で未婚の母になったことを公表した女性のフィギュアスケート選手がいる。私は連載コラムの中で、自分の欲望に関して譲歩しない彼女の生き方と勇気に、拍手喝采を送った。子供の父親が誰なのかマスコミに詮索されようと、周りに何を言われようと、頑張れと書いたところ、読者から非常に大きな反響があった。

その反響のほとんどは賛同ではない。とんでもないことを言うな、という怒りのご意見だった。

インターネット上はもちろん、連載していた新聞社を通じて抗議のお手紙もいただいた。読むと、連載していた媒体の傾向もあってか、保守的な年配の男性が多い。律儀にきれいな筆文字で「あなたのご意見には賛同できない」と書かれていたお手紙もあれば、「シングルマザーなんて認めだしたら、社会の秩序がむちゃくちゃになるじゃないか」「家庭も崩壊してしまうじゃないか」という抗議の声もあった。

未婚の母に対して、世間のアレルギー反応はこんなにも強いものかと、唖然《あぜん》としたものである。

と同時に、私に対するバッシングの背景に、世間一般の人たちが抱える「恐怖心」が垣間見えて興味深かった。イタリアの政治思想家のマキアヴェッリ（1469〜1527）が「人間は、恐怖心からも、また憎悪の心からも、過激になりうるものである」と『君主論』の中で言ったように、人間は恐怖を感じる時、攻撃的になりやすい（塩野七生『マキアヴェッリ語録』新潮文庫）。

今回の件で世間は何に対して恐怖を感じたのだろうか。

非難している人々の心の中に、「自分が今まで守ってきた結婚や家族に関する価値観が崩壊してしまう恐怖」や「これまで価値があると考えてきたものが、急に価値のないものになってしまうことへの恐怖」が潜んでいる可能性が高い。

保守的な考えの持ち主ほどこの恐怖は強く、私を激しく攻撃するという反応になって表れたのだろう。

実際、世間が集団で過剰に反応する激しい怒りや攻撃の背景には、こうした「価値観の崩壊への恐怖」が潜んでいることが少なくないのである。

年の差婚に見る男女の「非対称性」

結婚という制度にまつわる男女の「非対称性」で、もう一つ象徴的なことに触れておこう。それは男女の「年の差婚」についてである。

以前、恋人にしたい・結婚したい男性ランキングの常連だったという俳優の西島秀俊さんが、16歳年下の一般女性と結婚して、話題になった。結婚が報じられた時、世の多くの女性から落胆の悲鳴がもれたとか。もっとも、全体的にはお祝いムードが漂っていた。一般男性からは、お相手が若い女性でうらやましい限り、といった羨望のため息さえ聞こえてきた。

一方、女性芸能人にも「年の差婚」をする人がいる。それがたとえば、女性の年齢が40代で男性が20代の「年の差婚」の場合、世間の反応はどうだろうか。先のケースと比べて、うらやましいという声はあまり聞かれない。

私の知人の女医で、15歳ほど年下の男性と結婚した人がいる。彼女が36歳、相手の男性が21歳の時だ。

地方の医学部を出て病院に勤めていた彼女が、たまたま大阪の病院に転勤になり、その病院に出入りしていた公務員だった彼と知り合い、結婚することになった。

その男性も地方出身で、ご両親が早くに結婚して生まれたこともあり、彼女は彼の親に近い年齢だったという。そういったことへの引け目が、彼女の中にどれだけあったのかわからないが、とにかく彼女は自分のことは後回しにして、どんな時も夫やその家族を最優先し、徹底的に尽くしていた。

たとえば、高卒だったため夜間の大学に通いたいと言いだした夫に金銭的な援助をした。資格をとる時も援助した。3人の子育てでも、彼女の役割が大きかった。家族は都心に住んでいたが、最近になって「夫の両親の面倒を見る」という理由で、彼の田舎に移り住むことを決意した。

もちろん夫婦によってケースバイケースだろうが、彼女は自分のほうがかなり年上だという引け目に突き動かされていたのではないか。

たとえば、男性のほうが年上で、女性が下の場合、夫が若い妻にひたすら尽くすことは少ない。自慢の対象としてひけらかすことはあっても、引け目までは感じないだろう。むしろ男性は、自分が年下の妻を引っ張って、面倒を見ているという自信すら持っているかもしれない。

しかし女性のほうが年上のカップルの場合、女性はどこかで引け目を感じていることが多い。年下男性にも、甲斐性《かいしょう》なしと世間に思われているのではないかという不安があるのかもしれない。そう周囲が思わせてしまうところに、年の差婚における「男女の非対称性」がすでに存在していると言えるだろう。

本当の男女平等社会なら「女性活用アピール」はいらない

ところで政治の世界へ目を移すと、女性の地位向上に対する関心は高まっている。安倍政権が成長戦略の柱の一つとして「女性の活躍推進」をかかげたからだ。これは「女性の労働力参加の増加が経済成長を支える」と試算した国際通貨基金（ＩＭＦ）ワーキングペーパー（２０１２年）などに影響されてのものらしいが、政策案を見ると、「管理職の女性の割合を３割に」「育児休業３年」「待機児童を５年でゼロ」など華やかなものがこれでもかと並んでいる。

目標に設定されているということは、日本ではまだ実現されていない現状の裏返しでもある。たとえば、北欧のように女性の就業率が80％を超えており（ノルウェー、スウェーデン、アイスランド、ＯＥＣＤ発表２０１４）、女性の国会議員が多く、女性大臣も当たり前の社会であれば、目玉政策として特にアピールする必要もない。

世界では、ドイツのメルケル首相をはじめとして、デンマークのヘレ・トーニング・シュミット首相、韓国の朴槿恵大統領など、女性首相や大統領があちこちで誕生している。ちなみに、日本の女性の就業率は70・８％（ＯＥＣＤ発表２０１４）。国会議員の女性の比率は、衆議院で約８％（ＩＰＵ＝列国議会同盟調べ、２０１４年１月）で、世界平均を下回る１２７位だとか。

安倍首相は自らかかげた「女性が輝く社会の実現」というスローガンにもとづき、第二次内閣改造で、女性大臣を５人任命した。女性が活躍できる場所を、政治家が率先して作ろうという意図があったのだろう。しかし、こうしたアピールの仕方に違和感を覚えた女性も多かったはずだ。

たとえば、新設された「女性活躍担当大臣」。何よりも、そのネーミングセンスに首を傾《かし》げた人が多かった。「女性」を「男性」に置き換えて「男性活躍担当大臣」としてみてもそのおかしさはわかる。そんなポストをわざわざ新設しなければならないこと自体が、女性が活躍できていない現状の裏返しでもある。

また、いまだに男社会である政治の世界で、内閣改造の目玉として「女性の活用」が利用されていることへの違和感もある。「こんなに女性を登用してやったんだ」「女性が輝く社会を作ろうとしてるんだ」という、政治家のおじさま方の上から目線を感じざるをえない。

きらびやかなスローガンの裏では、女性の社会進出を阻むような制度や現実に多くの女性が直面している。これから状況は変わっていくのかもしれないが、現実とのギャップに、ため息をついている女性は多い。世界と比べても、社会進出の男女の平等度という点では、日本はまだまだというところだろう。

小渕優子元経済産業大臣に向けられた無意識の攻撃

もっとも、先のスローガンもそうだが、社会では「女性だから」ということで持ち上げられ、特別扱いされることも少なくない。「女性初の〜」「女性ならではの〜」といった冠がついてニュースになることは結構ある。

一方で、その反動からか、「（やっぱりあの人は）女性だから」と、同じ「女性であること」を理由にして、攻撃の的になることもある。たとえば先の女性閣僚である。

安倍首相に任命されたものの、着任早々、小渕優子元経産相と松島みどり元法相が、相次ぐ不祥事でマスコミに騒がれた。その際、「やっぱり女はダメだ」「せっかく女を登用してやったのに（政権の足を引っ張りやがって）」といった世間の声が少なからずあった。

結局、どちらの議員も、「（女性大臣として）役割を十分果たすことができなくて申し訳ない」「山積する課題に取り組む安倍内閣の足を引っ張ることはできない」などと弁明して、大臣職を早々に引責辞任した。

私の目には、彼女たちが「女性が輝く社会」の、ある意味〝犠牲者〟のように映った。政権の足を引っ張ったと批判されたが、そもそも、首相が無理に女性大臣枠を増やして任命していなければ、あきらかにされなかった事実、蹴落《けお》とすための道具にされずにすんだ出来事もあるのではないだろうか。

大臣のポストを狙っている政治家はたくさんいる。当選を重ねた何十人もの「大臣待機組」のおじさま方が待ち望んでいたポストに、「女性だから」という理由だけでポンとなってしまった小渕優子氏。彼女に対する周囲の妬み、やっかみ、羨望がなかったはずがない。先のラ・ロシュフコーが言った「他人の幸福が我慢できない怒り」である。

そういうことが直接的に彼女たちの大臣辞任騒動に関わっていたとまでは言わないが、たとえば松島みどり元法相の「うちわ騒動」が男性議員だったら、大臣辞任にまで追い込まれただろうか。

結局、小渕氏も、元秘書2人は在宅起訴されたものの、自身は嫌疑不十分で不起訴となった。小渕氏を擁護するつもりは毛頭ないが、もともと父親の地盤を継いだお嬢さんで、地元の神輿《みこし》に乗せられて出てきたようなものだから、ご本人の言葉通り、「気づかなかった、父の代からのスタッフを監督しきれていなかった」というのが本当のところなのではないか。

ちなみに、小渕優子氏が経済産業大臣に任命されたと聞いた時、私は安倍首相の小渕氏に対する「無意識の攻撃性」のようなものを感じ、「安倍さん怖い」とも思ってしまった。

経済産業省と言えば、原発再稼働の問題がからむ省庁で、自民党は再稼働に前向きだ。一方、再稼働に反対する市民には女性も多く（朝日新聞の世論調査では、再稼働に「賛成」の女性は18%、「反対」の女性は66%／「原発再稼働『反対』59%」「朝日新聞」2014年3月18日）、経産相は、そうした女性たちの矢面にも立たなければならない。

あのお嬢さん議員がボコボコに叩かれて持つとは思えない、といったことを書いた論者もいた。私は、小渕氏をその重要なポストにあえて据えた安倍首相に底意地の悪さを感じたのである。

もちろん、こんなことをご本人たちに確かめる術はない。実際、聞いても「そんなことあるわけがない」と一蹴されて終わるだろうが。

青学ママ友騒動に見る女同士の「羨望」

女の敵は女、などと言われるように、女性の足を引っ張るのは必ずしも男性とは限らない。女性が集団になって、同じ女性を攻撃することはある。その根底には、「羨望」が潜んでいることが多い。

「羨望とは他人の幸福が我慢できない怒り」というロシュフコーの箴言《しんげん》は、本質を突いている。「羨望」と似た感情で「嫉妬」があるが、二つは似ているように見えながら実は違うとロシュフコーは言っている。嫉妬は「我々が所有している幸福、もしくは所有しているように思い込んでいる幸福を守ろうとする」ために生じるのだという。

たとえば、自分の夫が若い女性になれなれしく話しかけられているのを見て感じるのが「嫉妬」だとすれば、とびきりのイケメンが同僚の旦那さんと知った時に感じるのが「羨望」というわけである。もっとも、嫉妬と羨望は入り交じっていることが多い。それにどちらも女性の専売特許というわけでもないが、女性同士の「羨望」はしばしばわかりやすい形で表面化する。

たとえば、以前、週刊誌上を賑わせた「青学ママ友騒動」は、女性タレントのXさんが、ママ友間のトラブルを自身のブログに書き込んだのが発端である。Xさんはご自分の娘さんを青山学院初等部に通わせている。そこで知り合ったママ友グループから、ありもしない噂話を流されたり、無視されたり、嫌みを言われたりして、陰湿ないじめに遭《あ》っていたことを告白したのだ。世間ではXさんに同情が集まった。

ところが、Xさんに敵対していたママ友グループの1人が、著名な男性タレントの奥さんだったことから、事態は週刊誌上に土俵を移しての応酬に発展した。学校でのXさんの振る舞いを誹謗中傷するママ友の証言や、Xさんが元マネージャーに指示して男性タレントの家の外壁に書かせたという落書きなどがマスコミに流れ、問題は泥沼化していった。騒動の発端に遡れば、ママ友グループのXさんに対する「羨望」が垣間見える。ではXさんに対する「羨望」とは何か。

青学と言えば、日本有数のセレブ小学校である。そこに集まる子供の親となれば、祖父母の代からのお金持ちの家に育ち、裕福な男性と結婚し、一生専業主婦で夫に守ってもらって生きていくタイプの女性が大半を占めている。一般市民から見れば、彼女たちのほうが羨望の的になりそうだが、同じ世界の中では似たようなタイプの人ばかりいるので、そうはならない。

そんな世界で、Xさんは異色である。華やかでも厳しい芸能界で、自分の力で道を切り開き、テレビによく出演している。子供を産んだあとも仕事を続け、自立した女性で、見た目もすらっとした美人。テレビで見ている限りでは、自分の意見も堂々と言うタイプのようだ。これで夫がイマイチなら女性陣の溜飲《りゅういん》は下がるかもしれないが、Xさんの夫はテレビ局のディレクターという華やかな職業だった。

このようなXさんの幸福さ加減、満たされている様子が我慢できず、ママ友グループの攻撃となって表面化したのだろう。あとで述べるが、男性社会は序列が明確なため、よくわからない「幸せ比べ」で攻撃し合うことはない。女性同士の争いを、男性はあきれて外から見物し、「だから女は……」とため息をついているのではないか。

もっとも、こうした女同士のバトルは何も現代に限った話ではない。１０００年以上前から女同士の火花は散っているのである。

和泉式部を「けしからぬ方」と非難した紫式部

平安時代の女流作家・紫式部。当代一の才女と言われた彼女が、きわめて辛辣《しんらつ》にあげつらった女性が２人いる。１人は、才気煥発《さいきかんぱつ》な清少納言。もう１人はモテモテだった和泉式部《いずみしきぶ》だ。

たとえば紫式部はその日記の中で、清少納言を「したり顔にいみじう侍《はべ》りける人」とけなしている。漢文の知識や頭の回転の良さをひけらかす彼女を、「得意顔してイヤな女」と言い放ったわけである。

その背景には、紫式部が仕えた中宮彰子《ちゅうぐうしょうし》が、清少納言の仕えた皇后定子《ていし》とライバル関係にあり、一条天皇の寵愛《ちょうあい》をどちらが受けるかで争っていたという事情もあった。最初に寵愛を受けていたのは、清少納言の仕えていた藤原道隆の娘・定子だったのだが、その後、藤原道長の娘・彰子が入内《じゅだい》して、最終的に定子を追い落とす形になったのだから。

もっとも紫式部は、中宮彰子に同じく仕える相手であっても容赦しない。同僚の和泉式部に対しても「けしからぬ方」とけなしている。なぜ「けしからぬ」のかと言えば、和泉式部がモテモテの恋多き女だったからである。

たとえば、和泉式部と恋仲になった冷泉《れいぜい》天皇の皇子・為尊親王《ためたかしんのう》。この皇子は「かがやく」ばかりの容貌の持ち主だったようだ。和泉式部は一度結婚して子供もいたが、為尊親王との間にも子を授かった。

それだけではない。遊び人だった為尊親王が26歳の若さで亡くなってしまうと、和泉式部は、今度はその弟の敦道《あつみち》親王に言い寄られているのである。

和泉式部は敦道親王の子供もしっかり産んでいる。しかも敦道親王が彼女を邸に入れたため、それが原因で正室が出ていくという騒動まで起きている。周囲の反感や反発は相当大きかったはずである。

理性の人・紫式部にしてみれば、情熱的な和泉式部は相当に「けしからぬ人」となる。背景にあるのはやはり「羨望」だ。紫式部があの『源氏物語』の中で理想の男性として描いた光源氏《ひかるげんじ》も、天皇の息子で美男子だった。和泉式部は２人の〝リアル光源氏〟に愛されたのだから、紫式部が歯ぎしりしたくなるのもよくわかる。

ただ、当の和泉式部はと言えば、敦道親王も27歳で早逝《そうせい》してしまい、幸福は長続きしなかった。それでも周囲の女性たちの嫉妬や羨望がずっと続いたからこそ、こうした形でけなされる羽目になったのだろう。

ママ友界でのマウンティング現象

女性同士の争いには、しばしば男性の職種や肩書きが利用される。どちらがより幸せかを比べて誇示する際、まず男性を主《しゅ》、女性である自分たちを従《じゅう》と位置づけ、主《あるじ》である男性の地位で自分たちを格付けし合うのだ。

以前、沢尻エリカさんの主演したドラマ『ファーストクラス』でも、女性たちのマウンティングが話題になった。女性は相手を一目見て、「この人は独身で美人だけど、ファッションセンスは私のほうが上。アクセサリーも私のほうがいいのを身につけている」と上下をつける。さらに、それとなく彼氏や夫の職業を聞き出し、自分の彼氏や夫と比較する。

男性もマウンティングをしないわけではないが、格付けの対象は明確だ。職業、地位、肩書き、収入などによって明確な序列ができる。男性が、権力を行使できるポジションを手に入れるための争いに夢中になるのはそのためだ。

一方、女性には明確な序列は存在しない。格付けする対象も多岐にわたる。顔やスタイル、ファッション、家柄、住んでいる場所、既婚か未婚か、子供がいるかいないか、それに彼氏や夫の職業とか年収とかが入ってくるというわけだ。

以前、知り合いの男性医師から、こんな話を聞いたことがある。「マンションの奥様たちのマウンティングが激しくて大変と嫁が愚痴《ぐち》る」のだという。

彼が住む高級タワーマンションには、医者が多く住んでいた。それこそ医者の世界は男尊女卑が激しい社会なのだが、奥様方の間では、旦那さんの所属する「科」によって、格付けがなされていたらしい。「内科」や「外科」といったメジャーな「科」に旦那様が所属する奥様の序列は上になる。彼の所属する「精神科」は、その序列の中では下位のほうだったそうだ。

しかも仕事を持つ奥様などは論外だとか。医者の奥様なら専業主婦が当たり前。女がせこせこ働いてお金を稼ぐなんてありえない、という世界なのだ。たとえそれが生活費のためではなく自己実現のためだったとしても、である。

こうした奥様たちとのお付き合いにはかなりの緊張感が漂うのだという。たとえば、幼稚園に行く子供をスクールバスに乗せたあと、奥様方みんなでお茶を飲む。世間話をするだけでも、会話の中に、自分のほうが上と誇示するネタがちょこちょこ挟まれる。時間も長い。気づいたら子供が帰ってくることもある。「今日はちょっと用事があるから」と言って帰ったりすると、途端に悪口の対象になってしまう。

部外者は、そんなに嫌なら関わらなければいいと思うかもしれないが、自分が所属している狭い社会からそう簡単に離れることはできない。先の奥様方であれば、彼女たちの社会で自分がどう認められるか、それがすべてなのである。

会社や仕事はある程度選べるが、ママ友界は、子供がそのコミュニティーに属している限り、その親たちと否応なしに付き合わざるをえない。そこで対立したら、子供がいじめられるかもしれない。自分が持っているものが傷つけられたり、被害を受けたりといった事態を避けるには、無難にやり過ごすしかない。

そして、こうした女同士の熾烈《しれつ》なバトルの背景に、女性を庇護する側とされる男性の社会的地位が大きくからんでいることも見逃せないのである。

ここまで、個人的な背景だけでなく、社会心理としても男性優位が働くケースをいろいろ見てきた。次章ではいよいよフロイトの「去勢コンプレックス」について触れながら、女性を低く見る心理に何が潜んでいるのか、その背景を探っていくことにしよう。

第3章 男性優位は無意識か、学習したものか

個人にせよ集団にせよ、男性優位の言動の背景には様々な要因がからんでいる。この章では特に、子供の頃に経験するファルス（仏：phallus ペニス、男根）にまつわる体験と、フロイトがその重要性を繰り返し主張してきた「去勢コンプレックス」を中心に解説することにしたい。これまで見てきたケースの背後にも、こうした無意識の領域が少なからず影響している。

ファルス（男根）がないことへの蔑視はどう生まれるか

フロイトの精神分析理論にもとづいて、ラカンの「ファルス」「父の名」などの概念を参照しながら症例研究をしていると、私自身、「どうして女医さんが、そんな男性優位主義の考え方で論文を書いているのですか」と尋ねられることがよくある。こうした質問をするのは、多くの場合、同業の男性精神科医である。

確かに、フロイトは幼児の発達プロセスにおいて、「両性において一つの性器、すなわち男性の性器だけが重要な役割を演じている」（「幼児の性器体制」１９２３年）と述べているが、生物学的な性だけを決定的なものと見なしていたわけではない。

ただ、男女の形態学上の差異は、精神的な発達にも大きな差異をもたらすだろうという仮定から、フロイトは性理論を発展させた。

私が女性であっても、その理論は男性優位の言動の根底に潜む心理を解明するための、大きな手がかりを与えてくれるように思われる。

たとえば、次のような幼児期の体験は鮮烈な印象を残すはずだ。記憶に残っていてもいなくても、大人になって、幼い子供の言動から気づかされることもあるだろう。

小さな男の子は、誰もが自分と同じようにペニスを持っていると信じている。ところがある日、男の子は母親や姉妹とお風呂に入った時、女性にはペニスがないことを発見し、衝撃を受ける。実際、知り合いの若い父親の話では、「お父さんには尻尾《しっぽ》みたいなのがあるのに、お母さんにはどうしてないの？」と、幼稚園に通う息子が真剣なまなざしで聞いてきたそうだ。父親は答えに窮したらしいが、幼い子供にとって、男女の見た目の違いは大人の想像以上に印象に残るのである。

最初のうちは、男の子は女性にペニスがないわけではなく、まだ小さいがこれから大きくなるのではないかと考える。しかし、次第にそうではないことがわかってくる。あってしかるべきものが女性にはない。この事実は男の子にとって衝撃であり、持っていることが自然に優越感を生みだす。と同時に、それは男の子にとってものすごい脅威になるとフロイトは言う。

どういうことか。まず、女性にないものを自分が持っているという事実は、女性より優れているという自信を男性に植えつける。やがて、自らの男性器を自己愛的に高く評価して、それがない女性を軽視するようになる。場合によっては、女性に対する嫌悪や憎悪さえ覚えることもある。

それから、なぜ女性にペニスがないのかと考え、「罰として去勢された存在」だと理解するようになる。と同時に、自分も「いつか切り取られてしまうかも」という強い不安を抱えてしまう。それが「去勢コンプレックス」の根源だというのがフロイトの説だ。

実際、親がしつけの過程で「悪いことをすると切り取ってしまいますよ」などと子供を威嚇《いかく》する場合もあるので、男性は優越感と同時に、喪失の恐怖を抱えることになるのである。

このような「ファルス優位」や「去勢コンプレックス」が、男性の様々な行動、特に男性優位の言動に影響を与えているという考え方がフロイトの精神分析理論の軸になっている。

「去勢コンプレックス」は男性だけではなく女性にも見られるが、その表れ方は異なる。一体、女の子にはどういう影響を与えるのだろうか。

まず、自分にそれがないことを知った少女は、「以前は自分も同じように大きなものを持っていたが、去勢されてそれを失ったのだ」と認識する。すでに去勢が実行されたことを事実として受け入れるため、男性のような去勢不安は感じずにすむ。反対に、今度はそれを所有したいという陽性の志向、「ペニス羨望（独：Penisneid）」として表れる。これは男女の違いを決定づける重要な要因の一つと考えられている。「ペニス羨望」が具体的に表れたケースは、あとで述べる。

男性優位の言動の背景に、こうした男性のファルス優位が潜んでいることは無視できない。しかし、そうなると不思議なのは、世の男性にマザコンが多いことである。女性にそれがないということから女性蔑視の心理が生まれるとすれば、男性はなぜ母親が大好きなのだろうか。

男性にはなぜマザコンが多いのか

子供にとって、最初の愛の対象となるのは母親である。これについては、男の子も女の子も同じだ。ある時期に、女の子は愛の対象が母親から父親へ移っていくのに対して、男の子の場合は、いつまでもお母さんが愛の対象であり続ける。母親にファルスがないことはわかっていても、母親への愛情は特別なのだ。

この母親への愛着と強く結びついているのが、有名な「エディプス・コンプレックス（独：Ödipuskomplex）」である。

エディプス・コンプレックスの語源は、古代ギリシャ時代に書かれたソポクレスの『オイディプス王』という悲劇による。

王である父親に捨てられたオイディプスが、成長して旅に出る。その旅の途中で、偶然出会った実父をそれとは知らずに殺し、それとは知らず実母と結婚して王となり子供をもうける。その後、曲折の末、真実を知ることになったオイディプスの妻（＝母）は首を吊って死に、オイディプスは両目を突き盲目となって放浪の旅に出る（藤沢令夫訳『オイディプス王』岩波文庫）。

フロイトはこの悲劇の中に、人間の普遍的な心理であるエディプス・コンプレックスを発見した。

つまりエディプス・コンプレックスとは、父親を殺し、母親と交わりたいという欲望から派生する心理であり、その核となるのは母親への愛着だ。男の子の場合、母親に対する強い愛着をいかにして捨て、愛情をどれだけ別の女性に向け変えることができるかが、エディプス・コンプレックスの課題であるとフロイトは言っている。

だから恋愛や結婚で破局した女性がよく、「私は結局、あの人（彼氏や旦那さん）の母親代わりでしかなかったんです」ともらすことがあるが、それはある意味、真理を突いている。男性にとって、どんな女性も母親という根源的な対象の代理でしかない。本人は違うと思っていても、本質的にすべての男性はマザコンなのである。

そうした母親への愛着は、必然的に父親とのライバル関係を生じる。しかし、ここでライバルである父親からの罰として「切り取られてしまうかも」という去勢不安が頭をもたげる。

その結果、男の子は自分のペニスへの自己愛的関心と、母親への愛着の間で葛藤に陥るが、通常は自己愛的愛着が勝つことになる。つまり、父親の権威を受け入れ、母親を諦《あきら》めることによって、エディプス・コンプレックスに終止符を打つわけである。

ところが現代では、母親がそうした発達を妨げている場合が少なくない。

たとえば、息子がいつまでたっても結婚しなくて困るとしきりに嘆く70代の母親の場合。彼女は夫と死別し、40代の息子と2人暮らし。話を聞くと、「跡継ぎができない」「家がつぶれてしまう」などと嘆いて、息子が結婚しないことを大層心配しているのだが、言葉とは裏腹に、息子の世話を焼くことが幸せで仕方がないといった印象を受ける。息子とも相思相愛といった感じで、口で言うほど困ったような状況でもない。

こうしたケースにありがちだが、おそらく息子が連れてきた女性や見合い話に、母親自身があれこれ注文をつけて、せっかくの縁を壊したようなことが何度もあったのだろう。

最近、このような母と息子の関係は珍しいことではない。お母さんが大好きと公言する若い男性タレントもいて、世間的に許容される風潮もある。一見、母親思いの優しい男性のようだが、精神分析的な視点からながめると「正常な」成長過程から逸脱している面もあり、本来であればあまりおおっぴらにできる話ではない。

ベルばらのオスカルに見る、女性の「ファルス」への羨望

さて一方の女性に目を向けよう。先のような様々な影響を男性に与える「ファルス」や

「去勢コンプレックス」は、女性にはどのような影響を与え、具体的にどういった形で表れるのか。

ここで、私自身も夢中になった宝塚歌劇団の『ベルサイユのばら』を取り上げたい。1974年に初演されてから再演を繰り返し、2014年には通算観客動員500万人を記録したという本作。私も40年前、親にねだって広島の田舎から兵庫県宝塚市まで観劇に連れて行ってもらったくちである。

多くの少女たちが夢中になり、社会現象とまで言われるほどの演劇史上空前のブームを巻き起こしたこの物語のすごさ、核にあるものは何か。それはひとえに、オスカルという主人公を通じて、女性性の本質に関わる問題を見事に描いているところではないかと私は思う。

『ベルサイユのばら』は18世紀のフランス革命を背景に描かれる壮大な物語である。主人公のオスカルは、代々王家の軍隊を統率してきた名門貴族の令嬢として生まれる。ところが姉しかいない家の末娘だったため、将軍の父によって跡継ぎの男の子、つまりペニスを持っている存在として育てられる。美しく成長したオスカルは、男顔負けの剣の腕前を誇り、軍人として活躍する。

まずここで、オスカルに女の子が魅了される理由がわかる。精神分析的な視点から見ると、男性だけが持っているファルスを自分も持ちたい、という羨望ゆえと解釈される。オスカルの気持ちと自分の気持ちとを重ね合わせているのだ。

オスカルが剣の達人というのも、重要なポイントだろう。フロイトが指摘しているように、剣はペニスの象徴的代理にほかならない。フロイトによれば、象徴的代理となるのは「長くて突き出ている」もの、あるいは男性器と「形のうえで似ているもの」なのだから。

さらに、オスカルを演じる宝塚の花形である男役。彼女たちは、女の子のファルスへの羨望を投影したまさに理想像である。男装の麗人オスカルを、宝塚の男役が演じてはまるのは当然のことである。

そして物語の結末にも、女性を魅了してやまないところがある。

オスカルは、愛する男性アンドレと長い年月を経て結ばれるのだが、「処女喪失」の直後に、バスチーユ襲撃に端を発した争乱が勃発。オスカルは民衆の側に立って闘い、命を落としてしまう。この悲劇的な結末は、男性に愛されるためには自分が去勢された存在であることを受け入れなければならないという、女の子にとっては少々残酷な現実を暗示しているように思える。

つまり、オスカルの死は、生命の喪失であると同時に、自分はファルスを持っているという幻想の喪失でもある。二重の喪失だからこそ、より一層涙を誘うのだ。

そんなこと考えたこともなかった、と思う女性が大半だろう。だがこうした女性が抱くファルスへの羨望や、以前は自分もファルスを持っていたはずという幻想は、女性の生き方を分析するうえでも有用である。

たとえば「女は出しゃばってはいけない」とか「女は男を立てなければいけない」という昔から言われる戒め——こうした考え方に反発心を抱く女性もいるかもしれない。しかし精神分析的に言えば、女性が去勢された存在であることを受け入れ、ファルスを持っているという幻想を捨てなければ、「女の幸せ」はつかめないのだと示唆《しさ》しているとも言えるのである。

女性の複雑な「ペニス羨望」と「エディプス・コンプレックス」

自分にはファルスがないという認識は、同時にそれを持ちたいという「ペニス羨望」を生みだす。その前に、女の子は自分のクリトリスが男の子と比較して「『小さすぎる』と感じ」「この事実を不利なものと考えるようになる。これは劣等感の根拠になる」ともフロイトは言っている（「エディプス・コンプレックスの崩壊」1924年）。女の子は去勢される不安を抱くことはない。しかし、自分が去勢された存在であることを事実として受け入れると同時に、男性に対して根底のところで劣等感を覚えるというのがフロイトの主張である。

この「ペニス羨望」からは、女性の三つの発達の方向が導き出されてくることが知られている。

第一は、自分の性器（クリトリス）に満足できず、性愛一般を拒否し、性愛から全面的に遠ざかるようになる方向である。性生活全般の中止の方向に向かうこともある。ひと昔前なら、さしずめ若くして尼寺に入る、修道女になるといった選択をするのが、この方向へ向かう女性の究極の選択と言えるだろう。

第二は、反抗的に男らしさを強調する方向へと向かうものである。「いつかはペニスを手に入れて、男性と同じようになろう」という希望を胸に抱き、あたかも男性であるかのように振る舞うことになる。男性顔負けにバリバリ仕事をするキャリアウーマンや、スポーツ、学問、政治などの世界で、男性に負けないように奮闘する女性たちがこれに当てはまる。このような女性たちは、自分が去勢されているという事実を受け入れることができず、否認し続けていると考えられる。

第三は、ペニスへの欲望を断念し、ペニス＝子供という象徴等式にしたがって、「ペニスが欲しい」という欲望を、「子供が欲しい」という欲望に置き換える。これが、いわゆる「正常な」女らしさへと向かう方向だろう。

ここで女性の「エディプス・コンプレックス」についても触れておきたい。

まず、女性のエディプス・コンプレックスも、母親への愛着からスタートするという点では男性と同じである。女の子は男性のペニスを見てしまい、自分にはそれがないと認めることが重大な影響をもたらすとフロイトは考えた。自分にはペニスがないことを発見した時、女の子はそれを与えてくれなかった母親を非難するようになる。この母親に対する非難が、女の子が母親への愛着から離れる時の強い動機になる。

一方、父親に対してはどうか。

女の子のペニス羨望が第三の方向に向かうと、「ペニスが欲しい」という欲望から、「子供が欲しい」という欲望に置き換わるということを先ほど述べた。それはやがて、「父親の子供を産みたい」という欲望に変わり、発達の頂点に達する。

しかし、この欲望が満たされることは決してない。いや、あってはならない。近親相姦《そうかん》禁止の掟があるからだ。そのため、エディプス・コンプレックスは徐々に断念され、やがて「ペニスを持つ夫が欲しい」「夫の子供を産みたい」という欲望に置き換わるのである。

ここまでが女性の「正常な」発達とされる図式だが、父親への愛着が強すぎると、他の男性に性愛的欲望を差し向けられなくなり、いわゆるファザコン娘になってしまう。

また、父親への愛着を不本意な形で放棄することになった場合は、父親との同一化が愛着に取って代わる。第二の方向の「男性コンプレックス」へと向かい、そこにとどまってしまう。その典型例として思い起こされるのが政治家の田中眞紀子氏だ。彼女の振る舞いや政治スタイルなどが父親の角栄氏とそっくりなのは、父親への強い同一化を物語るものだろう。

こうした「ペニスを持ちたい」という欲望や、「子供を持ちたい」という欲望は、女性の無意識の中にしっかりと根を下ろしている。そして、女性がその性的役割を演じる際の強力な動因となる。と同時に、男性優位を無意識のうちに助長する女性側の要因にもなりうるのである。

男性が子供を欲しがる心理からわかること

男性、女性ともに、幼児期の「ファルス」にまつわる経験や影響をここまで見てきた。

それらが個人や世間の男尊女卑の言動に少なからぬ余波を及ぼしていると考えられる事例をもう少し詳しく分析してみよう。

たとえば、女性を所有物とか性対象と見なしたり、養ってやっているという意識を抱いたりする男性の言動からは、「究極の自己愛」からくる「自我の不滅性」（フロイト「ナルシシズム入門」1914年）が透けて見える。

かつて厚生労働大臣だった柳澤伯夫《はくお》議員が、「女性は産む機械」と発言したことがあった。島根県松江市で開かれた自民党県議の集会で、少子化問題に触れてのことだ。「15歳から50歳の女性の数は決まっている。産む機械、装置の数は決まっているから、あとは一人頭で頑張ってもらうしかない」というものだった。

女性蔑視の発言として激しく批判され、海外のメディアでも話題となった。後日、「表現が不適当だった」と謝罪したが、大臣辞任の意思はないことを表明し、国会は大混乱。しかし結局、2007年8月の安倍内閣改造まで厚生労働大臣を務めた。

妊娠・出産を国力増強の手段と考えるマッチョな男性政治家らしい発言だが、口には出さないだけで、同じように考えている男性は結構いるのではないだろうか。

女性をバカにしている、と腹を立てる前に、なぜ彼らがそういう考えを抱くようになるのか、その背景を探ってみることにしよう。子供を欲しがる親の心理から解明すると、道筋が見えてくる。

男女限らず、親が子供を欲しがる心理の根底には「自己愛」が潜んでいる。「ナルシシズムのシステムの核心にあるのは、自我の不滅性という理想である」（同書）とフロイトも言っているように、究極のナルシシズム＝自己愛は、「自我の不滅性」を求める。

そのため、親の自己愛は、自分の遺伝子を残したいという欲望を生みだし、子供を自分自身のコピーであると同時に、自我の不滅性を実現するための存在と見なすようになる。

わが子に対する過大評価からも、それは観察できる。たとえば、自分の子供はすべての面で完璧であると考えたり、子供の欠点を隠したり忘れたりしようとするのは、わが子が「両親がすでに放棄した以前のナルシシズムを再生し、蘇生《そせい》させたもの」（同書）だからである。

父親や母親が、「野球選手になりたかった」「ピアニストになりたかった」という叶えられなかった自分の夢を子供に託そうとするのも、この「自我の不滅性」で説明することができる。子供は父親の代わりに偉人や英雄になり、母親の満たされなかった夢を叶えるべき存在なのだ。両親の自我は現実世界では厳しく圧迫されているため、「それを子供に逃避することによって保証しようとする」（同書）のである。

だからこそ、究極の自己愛は、自己愛を投影できる子供を求める。しかし男性に子供は産めない。女性のように、精子を手に入れればなんとかなるという可能性はゼロである。男性は女性の卵子を手に入れても、どうすることもできない。自我の不滅性を実現するためには、女性の力を借りなくてはならない。

そこで、男性は女性を「自分の子供を産んでくれる存在」としてまず認識する。そして付き合い、結婚する。だからおまえを養ってやるんだ、浮気なんか許さない、当然産まない女性には価値がない、といった考えにつながっていくと考えられる。

以前、自分の長男のＤＮＡ鑑定をして、実子ではなかったことを涙ながらに語った俳優さんがいた。記者の様々な質問に答える中で、「息子がこれからも父親であると思ってくれるなら光栄だし、友達でもいい」といった話をしていたが、彼が受けた衝撃は計り知れない。その一因として「自我の不滅性」を否定されたショックがあることは疑いようがない。

自分の優位性が確保される女性にしか近づかない男性

子供がいるいないにかかわらず、自己愛が変に肥大してしまっている男性は、女性を見下す言動をとることが多い。

おまえは何もわかってないと直接バカにするようなことを言うこともあれば、第1章で紹介した70代の男性のように、妻の掃除の仕方が気に入らなくてまた同じところを掃除してしまうなど、行動に表れることもある。しかも、そういう男性はたいてい、自分の優位性が確保される相手にしか近づかない。

30代の若い男女が集まる同窓会でのこと。会うのが数年ぶりということもあって、お互いの近況報告で話に花が咲いた。

そこに参加した女性から聞いた話だが、どういう女性がタイプかという話をしていた時、男性の友人がポロリと「自分よりいい大学の女とは付き合えないよな」と男性陣に同意を求めるように言ったという。その言葉を聞き逃さなかった女性陣はその場でドン引きしていたそうだ。

その男性は学生時代、ことさら女性を蔑視するようなタイプではなかった。けれども女性たちと何かと張り合うことは多かったらしい。そういう男性が、自分の彼女になる相手に対しては女友達以上に、自分が上に立ちたい、優位性を保ちたい、という欲望を抱いていることは想像に難くない。学歴という狭い範囲の話だけでなく、「バカな女のほうがかわいい」と思う男性心理も似たようなものである。

しかも男性の深層心理にはもともと、ファルスを持っているから偉いんだという優越感が潜んでいる。持っているものを誇示したいという欲望もある。そういう思いを叶えてくれそうな女性を自然と選んで、自分の優位性を保つのである。

一方、そうした男性と付き合う女性は、自己の優位性を主張する男性を暗黙のうちに許容する。その原因としては、もともと男尊女卑の風土が強く残る地域で育っていたり、父と母が支配被支配の関係にあったりするなど、男女の主従関係を環境から学んだことが考えられる。また、ファルスへの羨望、それを持つ男性に対する劣等感が暗黙の許容を生みだした可能性もある。

いずれにせよ、社会の風潮として男性優位が成立するのは、女性を軽んじる男性が存在するせいだけではない。いいか悪いかは別にして、男性優位を許容または助長する女性の存在があって成立するものである。こうした男女の共犯関係は次のような場合にも成立する。

「トロフィーワイフ」は男女共犯

テレビ東京の看板女性アナウンサーが、有名な証券会社の実業家と結婚した。年齢は15歳差で、男性のほうが年上である。

その男性は月収1億円以上、資産総額100億円超で、文字通り地位もお金もある。一方の女性アナウンサーは、ゴージャスな美女というより、かわいらしくて親しみやすい印象の知的美人で、世の男性陣にかなり人気があったとか。

私はこのニュースを知った時、「まさにトロフィーワイフだわ」という感想を持った。

「トロフィーワイフ」という言葉は、たとえば、ハリウッドで功なり名遂げた老スターが、糟糠《そうこう》の妻を捨てて若くて美しい妻と再婚したような場合に用いられる。彼らが新しい妻を、それこそトロフィーのように見せびらかして成功の証を印象づけるからだ。

先の実業家の男性も、テレビ東京の看板アナウンサーを妻にしたことによって、やはり証券会社のイメージアップにつながっただろう。

一方の女性アナウンサーのほうはどうだろうか。英語のトロフィーワイフには、少し揶揄するニュアンスも含まれているようだが、女性の側も決して引け目を感じることはない。むしろ、抜きん出た成功をしている男性に選ばれたことを嬉しいと感じているはずだ。女性アナウンサーの場合は、旦那さんが芸能人やスポーツ選手ではなく実業家であることも、経済番組のメインキャスターとして仕事をするうえでプラスに働くかもしれない。

そもそも、トロフィーワイフになれるのは一握り。選ばれた女性の側も、世間に対して、成功した男性に選ばれる美貌と魅力を兼ね備えていること、選ばれるだけの価値が自分にはあることを瞬時にアピールできる。

女性にとっては宝石と同じことだ。女性は基本的に自分では宝石を買わない。女性が身につける宝石は、「これだけ高価な宝石を買ってくれる男性が私にはいる」「そういう男性に選ばれた私には価値がある」ということを見せびらかすための道具である。

一方の男性は、着飾ったスタイルのいい美人を連れて歩けば、成功の証を得意満面に自慢できる。

だからトロフィーワイフというのは、お互いの価値を世間に高く見せるという意味で、男女共犯で成り立つものなのである。

こういう共犯関係を否定したほうがいいのか、許容したほうがいいのか、生き方についての考察は後の章にゆずることにしよう。

第4章

社会の男女平等観の変遷

ここまで、男性優位の現象とその背景を探ってきた。

読者の中には、そうは言っても最近は女性優位社会ではないかとか、男女の地位が逆転してきているのではとか思う方がいるかもしれない。確かに時代は流れ、これまではなかった現象も見聞きするようになった。たとえば、男性が女性から受ける逆セクハラ問題や、ウーマノミクスの弊害といったことである。一方で、時代に逆行するかのように、若い女性たちが保守化しているという話も聞く。

この章では、そうした比較的新しい事例の背景を探りながら、社会の男女平等観の変遷を見ていくことにしたい。

若い女性の〝専業主婦志向〟からわかること

仕事と家庭の両立で奮闘するワーキングマザーが増えている一方で、若い女性の専業主婦志向が近頃、高まっているようだ。「若者の意識に関する調査」（厚生労働省、2013年）によると、独身女性（15〜39歳）の3人に1人は、専業主婦になりたいと考えているという。

私が以前、教えていた某女子大でもそうだった。大学側は、学生たちを正社員として入社させようと、必死で就職支援をしていた。ところが当の学生は、「別に正社員になってバリバリ働きたいとは思わない」とか「早く結婚して、旦那様に養ってもらいたい。それでちょっとパートをするぐらいで十分」とか言っていて、働く意欲があまりない。キャリア志向の学生もゼロではないが、専業主婦志向のほうが多かった。男性と同じように働くチャンスがあるのに、彼女たちは望んでいないのだ。女性の経済的自立を目指した世代からすれば、そんな彼女たちを歯がゆく思うに違いない。

ただ、最近の状況を見ると、若い女性たちが保守化するのもわからなくもない。ブラック企業と言われる過酷な職場も少なくないし、正社員になかなかなれない。男女雇用機会均等法（1985年）以降の世代がバリバリ働くのを見てきたけれど、大変そうで、あまり幸せそうに見えない。あんなふうに髪を振り乱して生きるよりは、もっと楽をして過ごしたい……彼女たちの思いを推察すれば、おそらくそんなところだろう。

もっとも、こうした専業主婦願望の根底に潜んでいるのは、社会的な要因だけではないだろう。今より夢と希望があった高度経済成長期にも、専業主婦になりたいと思う女性たちはいたのだから。だとすると、このような心理の根底には何が潜んでいるのだろうか。

そこには、ラカンの言う「他者の欲望」が垣間見えるように思われる。

ラカンは「人間の欲望は他者の欲望である」という構造をあきらかにした。欲望は、自分の中に自然にわき上がるわけではなく、実は他者からやってくるというわけで、「他者の欲望」を取り入れることによってはじめて我々は欲望を抱くようになる。

つまり、いつの時代も、女性たちが抱く専業主婦願望というのは、自発的なものではない。まず「他者の欲望」があって、彼女たちがそれを取り入れた結果、専業主婦になりたいと考えるようになっていくというわけだ。

たとえば、親や夫といった「他者」が「女は家庭に入って、男に尽くし、子供を産み育てるのが幸せだ」という価値観を持っていたとする。すると彼女たちは、親や夫がそう思うならそうしておこうと、彼らの欲望を取り入れる。そういう道筋をたどって、彼女たちは「専業主婦になりたい」と考えるようになるのだ。特に、「女性は家庭に入るべき」という価値観を持つ家庭で育てられれば、親の欲望を満たそうとする「いい子」ほど、そう考えるようになるのは当然だろう。

他者の欲望を自分の欲望として取り込み、専業主婦になった女性たちは、ある意味、生き方に迷いがなく堂々としている。プライドの高い男性を「あなたは偉い」と持ち上げて、生活費を稼いでこさせる。彼女たちは、言ってみれば長良川《ながら》の鵜飼《うか》いと同じようなものであり、夫を魚を捕ってくる鵜と見なしていることが多い。

そうして優雅な有閑マダムとなり、他のマダムとのランチを楽しみ、自由な時間を謳歌して、自らの欲望を満たす。現実適応をしているというか、カッコ付きの「賢さ」が彼女たちにはある。

もちろん今は、若い女性がそうしたいと願っていても、実現できるかどうかはわからない。高度成長期に専業主婦だった、彼女たちの祖母の時代とは状況がまるで違う。

実際、「サラリーマンと専業主婦の妻」世帯は、1984年まで1000万世帯を超えていたが、その年を境に減少している。反対に、同じ年から増え始めたのは、共働き世帯である。今は共働き世帯のほうが、1000万を超えているそうだ（「共働き増、専業主婦消える?」／「日本経済新聞」2015年2月24日）。

共働きと言えば、80年代には、DINKS（ディンクス　子供なし・共働き）などと言われ、家計に余裕がある夫婦がうらやましがられたこともあった。だがそれもほんの一瞬のことだ。今は共働きでないと、やっていけない現実がある。子供がいるならなおさらだろう。だから今の女性たちは、優雅な専業主婦への憧れを抱きつつ、派遣やパートに精を出している人のほうが多いのかもしれない。

草食系男子の、女性への関心はどこへ消えたか

若い女性が保守化する一方で、「草食化」する若い男性が増えている。

2006年頃から注目され始めた「草食（系）男子」は、今や少数派とは言えないようだ。「出生動向基本調査」（国立社会保障・人口問題研究所、2010年）によると、独身男性（18～34歳）の約61％に交際相手がいないという。交際相手もおらず、「異性との交際を望んでいない未婚者」の割合は、27・6％にもなるらしい。

こういう男性は、ある意味、進化した特別種のようにも見える。女性を見下すとか対等に扱うとか、そういった話以前に、彼らは女性に対する関心が低い。異性と交際し、結婚し、自分の子孫を残すことにも淡白だ。

彼らはある意味、自分自身にしか興味がない。たとえば、すごくきれい好きだったり、部屋を整理整頓していたり、自分の空間に他人が入ってくるのを嫌がったりする。稼いだお金は、自分の趣味や遊びにすべて使いたいと思っている。性欲を満たしたい時は、風俗に行けば十分だと考えている人も少なくないだろう。

このような草食系男子の心理の根底には、何があるのか。女性への関心を失い、子孫を残そうという意志も希薄な若い男性が、最近なぜ増えたのだろうか。

おそらくそこには、人間が基本的に持っていると言われる二つの「欲動」が関係しているると思われる。

フロイトによれば、人間には基本的に二つの「欲動」がある。「性欲動」と「自己保存欲動」だ。平たく言えば、「性欲動」は子孫を残したいという欲望、「自己保存欲動」は自分が生き延びたいという欲望につながる。

基本的に、この二つの「欲動」が両立していれば問題ない。しかし両立できない場合も出てくる。たとえば、少ない食料を分配する際、自分の取り分を多くしないと生き延びることができないのなら、子孫はいないほうがいい。だから「自己保存欲動」が強くなると、人間は「性欲動」、つまり子孫を残す方向に向かわなくなると考えられている。

では草食系の男性の場合はどうか。

今の若い男性は、生命の危機にさらされているわけではないが、やはり経済的な問題から、ある種の追いつめられ感や、それに近いものを感じているのかもしれない。正社員で働いていても給料はそれほど高くない。昔のように、勤続年数が長くなるほど給料が上がる保証もない。そのうえ、いつリストラ対象になるかわからないし、会社自体が倒産するかもしれない。

非正規雇用なら、だいたい給料は正規雇用の半分以下、年収200万円程度と言われている。これでは、自分の生活のために使えるお金もほとんどないだろう。

そういう状態なのに、女性と付き合おうとすれば、越えなければならないハードルがいくつもある。好きになった女性に優しくアプローチすることに始まり、彼女が喜ぶプレゼントやデートコースを用意しなければならない。費用は男性が持つのが基本である。

しかも、セックスに至るまでにはいくつもの手続きがいる。万一、断られれば自分が深く傷つく。交際が発展し、うまく結婚までこぎつけても、子供ができれば生活費が増えるし、教育費もかかる。そうすると、自分の趣味に使えるお金が減ってしまう。

こうした現実世界をキツいと感じて、自分が生き延びる道だけを第一に考えようとする男性が、草食系になっていくのではないだろうか。そちらに割《さ》く時間とエネルギーがあるなら、自分のために使いたいというわけである。

もしかしたら、彼らはステディな関係で誰かと一緒に暮らすのは、お金もストレスもかかりすぎると感じていて「性欲動」より「自己保存欲動」が勝ってしまうのかもしれない。

そういうわけで、「自己保存欲動」のほうが強い草食系男子ではあるが、「性欲動」がまったくないというわけではない。風俗のように、欲望を満たすまでの手続きが簡単で、思い通りになる女性がいれば問題ないのだから。そういう意味では、本当に彼らが「草食」なのかという疑問も生じる。だから今の若い男性たちの間で増えているのは、カッコ付きの「草食系男子」と言えるだろう。

女性が上に立つようになって起こった逆セクハラ現象

男女の関係性で変化が起きているのは、若い人たちの間だけではない。それなりの地位や役職にある中高年女性の周辺でも、これまでは見られなかった現象が指摘されるようになりつつある。若い男性に対するセクシュアル・ハラスメントだ。セクハラの定義は細かくあるようだが、両者に力のアンバランスがあることが基本だろう。女性のほうに地位や権力があり、男性が逆らえない状況ならセクハラと言える。

以前、日本スケート連盟会長の橋本聖子参議院議員が、髙橋大輔選手（当時）に抱きついてキスする写真が週刊誌に掲載され、騒動になったことがある。ソチ冬季五輪の閉会式後に開かれた打ち上げパーティーでのことだ。

誰がどういう意図でそんな写真を撮って、週刊誌に流したのかはわからないが、橋本議員は「セクハラおばさん」などと世間に批判され、猛バッシングを浴びた。

橋本議員は、日本オリンピック委員会（ＪＯＣ）常務理事にして日本スケート連盟会長。髙橋選手よりも強い立場だ。上司と部下のような関係だから、髙橋選手は地位も権力もある橋本議員に逆らえない。そういう状況でキスを強要したとなれば、橋本議員がセクハラ、またはパワハラをしたと非難されても仕方がないだろう。

ただ、当事者である２人は、世間を騒がせたことを謝罪したものの、セクハラ自体は否定。髙橋選手も「セクハラ、パワハラを受けたとは思っていない。大人と大人。羽目をはずしすぎたということ」などとコメントしていた。橋本議員に対しても、ＪＯＣからのお咎《とが》めはなかった。

私は、この騒動を知った時、若くてかっこいい男の子にキスできてうらやましいというのが正直な気持ちだった。同じように感じた女性が少なくなかったのか、橋本議員を「セクハラおばさん」と批判していたファンの多くが、髙橋選手を「大ちゃん」と呼んで、息子のように応援していた中高年女性だったとか。

だとすると、周囲のバッシングの根底に潜んでいるのは、これまでも何度か触れたロシユフコーの「羨望」である可能性が高い。他人の幸福が我慢できない怒りである。おばさま方からすれば、自分たちは簡単に近づけない高橋選手の近くにいるというだけで、橋本議員がうらやましいのに、強い立場を利用してキスまでしている。そんなこと、とても許せない、といったところだろう。

自分がやりたくてもできないことを他人がやすやすとやってのけると、激しい怒りに駆られて徹底的に攻撃するのが人間というものである。だからこのケースは、橋本議員の逆セクハラ、パワハラという話以上に、周囲の女性たちの「羨望」が表れたケースなのかもしれない。

ただ、周りを見回すと、こうした同性の「羨望」だけでは片付けられないような事例があるのも確かだ。年齢が高くなり、女として見てもらえなくなることへの焦りや不安がそういった形で出ているのかもしれない。

第3章で述べたように「トロフィーワイフ」はあるけれど、若い男性と付き合っていることを成功の証として見せびらかす「トロフィーハズバンド」は成り立ちにくい。そうしたことも、中高年の女性に何らかのプレッシャーを与えていると考えられなくもない。

ウーマノミクスに悩む50代男性の人事担当課長

女性が社会的に高い地位に立つようになると、これまであった問題で男女が逆転する事例は、他にもいろいろ増えていくだろう。だが今はその前段階と言える。社会的に高い地位に就き権力を持っているような女性は、まだそれほど多くない。だから政府が、「2020年までに女性管理職を30％に」などと突然、高い理想をかかげると、現場で思わぬ混乱が起きる可能性がある。

私は月に一度、某企業の従業員のカウンセリングを請け負っている。そこで最近、こんな相談があった。訪れたのは真面目な50代の課長。彼は、社内で女性管理職を増やすことへの不安をとうとうと語っていた。

彼の勤める会社はコンプライアンスを重視しているため、政府の方針に率先して従わないといけないのだとか。だから上層部は、「女性管理職を30％にする」方向に、さっそく動きつつあるという。

彼の言い分はこうである。「今の状況で女性管理職を増やすとなると、まだ実力も実績もない女性に、管理職に就いてもらわないといけない。もともと女性社員が少ないから、実際そうなっていくだろう。しかしそれでは、業務のうえで非常に困ったことが出てくるのではないか」

その男性課長の口ぶりは、一見、落ち着いたものだった。だがどこか不安もにじみ出ていた。口には出さないが、「これまで仕事を頑張ってきたのに、自分も女性に先を越されてしまうのではないか」という焦りが垣間見えた。

もし今まで顎で使っていたような若い女性が、自分の上に立ってしまったら……。突然降ってわいた目標のもとで、肩書きが飛び級のように上がるチャンスが出てきた女性に対する「羨望」も、おそらくあるに違いない。

ただ、男性がこうした不安を抱える一方で、当の女性たちがどれだけ管理職になりたいかというと、実態はわからない。若い女性の保守化傾向を見ても、責任ある地位には就きたくないと思っている女性は、案外、多いのではないだろうか。

それに、役職は上になっても、責任に見合うほど給料は上がらないかもしれない。仕事は増えても夫が家事に協力してくれないとか、子供を預ける場所すら満足に確保できないとかいった現実があれば、なおさら単純に喜べないだろう。

いまだに現場の意識や制度が整っていないところに高い理想だけかかげてしまうと、今後、また違ったひずみが出てくるのではないか。そんな懸念も抱かざるをえないのである。

高度成長期の企業は、男女の出会いの場だった

ここで、働く女性の生き方という観点から、過去を少し振り返ってみることにしよう。今から数十年前の高度成長期にも、女性は大勢採用されていた。責任あるポジションに就いていた女性はもちろん少ない。男女の給与格差も大きかった。

ただ、そういったことを問題視する人はあまり多くはなかった。女性は若くして入社し、数年たったら結婚して会社を辞めるのが、ある意味、女性の王道だったからである。

専門職を別にして、当時の女性社員は、おおむね一般職だった。一般職の仕事は、男性の補助的な業務が多く、今も評判の悪い、お茶汲みやコピー取りなども含まれていた。そして大企業では、一般職の女性を大量に採用していた。

なぜ企業が、雑務や補助的な作業をする女性をたくさん雇っていたか。女性の反発を恐れず言えば、男性社員に結婚相手を見つけてもらうためである。つまり当時は、企業が男女の出会いの場を提供し、結婚相談所のような役割も果たしていたのだ。

男性社員は、お目当ての女性社員と長い時間、会社で過ごすことで、結婚相手にふさわしいかどうかを判断していた。女性の側にも、長く勤めてキャリアを積むという発想を持つ人は少なかった。2、3年勤めて職場の男性に見初められ、結婚して寿退社するのが理

想とされていたのである。

１９８５年に男女雇用機会均等法を勝ち取る頃まで、女性の就職は、そんなふうにほとんど腰掛けだった。女性はクリスマスケーキにたとえられてもいた。23日（23歳）だったら売れるが、24だと危なくなって、25だと売れなくなる。だから25歳までには結婚しないといけない。そんな世間のプレッシャーすらあった。そうすると、短大を卒業して数年働くくらいで終わる。だから四大に行ったら嫁に行き遅れるから、四大なんか行くな、と当然のように言う親も多かったのである。

ところが、高度経済成長が終わり、バブルも崩壊し、長い不況が訪れると、世の中はガラリと変わった。

まず企業は、一般職の女性を雇う余裕がなくなった。彼女たちがやっていた仕事は、すべて女性の派遣社員で賄うようになった。派遣社員はヘタをすると数ヶ月で勤務先が変わることもある。

正社員で働く男性も、成果主義で会社から日々しぼられて、結婚相手を悠長に探している暇なんかない。とはいえ、他に出会う場所もないため、大企業の男性でもなかなか結婚できない状況が生まれた。職場の上司が、独身の男女にお見合いを斡旋するといった話も、東京では今ほとんど聞かれない。

高度成長期は、男が働き、女は結婚して家に入るのが一般的な世の中だった。働く女性は25歳までに寿退社をしないとみじめな気持ちになったり、有能でも女だからという理由だけで出世できなかったり、そういうことがあからさまな形で出ていた時代だった。それに悩み苦しみ、現状を改善しようと後押しした女性たちがいた。そうした彼女たちの思いが、1985年の男女雇用機会均等法に結びついて今がある。

そういう時代から比べれば、今の女性を取り巻く状況は、全体的には良くなっていると言えるだろう。

もちろん、男女雇用機会均等法は「ガラスの天井」などとも言われ、「均等」というのは名目だけで、デキの悪い後輩の男性社員に女性はやっぱり追い抜かれてしまう、といった話は今でも聞く。けれども30年前に比べれば、女性の働き方、生き方の選択肢は格段に増えた。

ただその一方で、選択肢が増えたがゆえに悩む女性も増えている。だから昔と比べて、今の女性たちが幸せかと聞かれれば、諸手を挙げてそうだと言い切れない部分もあるだろう。こうした変化を考えると、一概にいい悪いで判断できない難しさがあるなあと、つくづく思うのである。

「長男の嫁なんだから」という言葉から過去に遡る

女性を取り巻く時代の変化は速いが、地域によっては、そのスピードがゆっくりしているところもある。そういう差が大きいと、若い女性ほど頭を悩ますことになる。たとえば、都心に住む若い夫婦が田舎に帰省すると、ひと昔前の風習に触れて驚くというのは、よくある話だ。

夫と2人暮らしをしている30代の女性のケース。子供はなく、都心に住んで共働きをしている。彼女の実家は関東にある。一方、夫はある地方の出身で、地元では有名な旧家の長男だった。だから毎年の盆暮れ正月には、2人そろって彼の実家へ帰省していた。

そこで彼女がまず驚いたのは、跡継ぎとして大事に扱われる夫のことだったという。普段はおとなしい夫が、両親や親戚に大事にされ、実家ではイキイキしているように見えた。

しかも彼女は、自分が「長男の嫁」として扱われることにも衝撃を受けた。たとえば、親戚が集まると、他に女手があっても彼女がお手伝いさんの筆頭になる。とにかくお姑《しゅうとめ》さんにこき使われるのだという。そして舅《しゅうと》は酔うと必ず、「いつ帰ってくるんだ」という話を持ち出す。長男夫婦は親と同居するのが当たり前と思っているようだ。

それに対して、いつまでたっても「戻らない」とはっきり言わない夫に、彼女はヤキモキしている。帰り道はいつもそのことで夫と喧嘩になる。ここ数年は、帰省することを考えるだけで、彼女は憂鬱になるのだという。

「女は三界《さんがい》に家《いえ》なし」という諺がある。女は幼少時は親に従い、嫁いでからは夫に従い、老いては子供に従うから、世界のどこにも身を落ち着ける場所がないという意味である。程度の差はあれ、こうした環境が脈々と残る地域は、やはり今でもあるのだろう。

このような考え方は昔からあったのだろうが、日本の近代化以降を振り返ると、当時の女子の役割は、「夫や舅姑《きゆうこ》に仕え、貞操を守り、子供を育て、家庭を整える」ことだった。恋愛や結婚に関しても、女性は今よりずっと不自由だった。「女に学問はいらない」というのが当時の常識で、学びに対しても自由度は低かった。

大正時代になって、そういう抑圧された女性たちの思いを代弁したのが、平塚らいてう（1886〜1971）だろう。

「元始、女性は実に太陽であつた。真正《しんせい》の人であつた。今、女性は月である。他に依《よ》つて生き、他の光によつて輝く病人のやうな蒼白い顔の月である。私共は隠されて仕舞つた我が太陽を今や取戻さねばならぬ。」

文藝誌『青鞜《せいとう》』の創刊の際に掲載された有名な彼女の言葉である。『青踏』は、明治ももう終わろうという頃に刊行された。女性たちの手による初の文藝誌を主宰した平塚らいてうは、生涯、婦人参政権や女性の自由解放のために献身した。男尊女卑の思想が強かった当時、彼女が社会に与えた影響は非常に大きかったに違いない。

そうした女性解放運動家の努力もあって、女性の政治的・社会的権利は少しずつ向上していった。とはいえ、婦人参政権を獲得できたのは、戦後間もない1945年の暮れのことである。1925年に普通選挙法ができて、成年男子が選挙に参加できるようになってから、さらに20年後のことだった。

その後は、1960年代にアメリカで起こったウーマン・リブ（女性解放）運動の影響などを日本も受けて、1970年代頃から、性による差別、役割分担を解消しようという動きがまた活発化していった。

こうした運動が1980年代の男女雇用機会均等法の制定に結びつき、現在に至っている。時代は大きく流れているが、どの地域も均一に変化しているわけではない。だから今もどこかで摩擦が起こり、それに悩む女性たちが出てきてしまうのだろう。

ヒラリーの躍進はクリントンの存在あってこそ

この章の最後で、日本だけでなく海外にも少し目を向けておこう。比較的、女性の地位が高いと思われているアメリカについて触れておく。

アメリカは、男女平等の思想が徹底していて、様々な分野で女性が華々しく活躍しているイメージが強い。

たとえば、ファーストレディから次期大統領候補になった、ヒラリー・クリントン元国務長官は、第一線で活躍する女性の代表格だろう。彼女のキャリアは弁護士からスタートした。そしてロースクール時代に出会ったビル・クリントンと結婚。アーカンソー州知事になったクリントンを支えた。その後、大統領までのぼりつめた彼とともに、政界へと足を踏み入れる。

彼女は、院卒にして弁護士というキャリアウーマンのファーストレディとしても注目を集めた。しばらくして彼女自身も政治の世界へ飛び込み、上院議員、アメリカ合衆国国務長官を歴任している。

女性の社会的な地位の向上を願う人々にとって、彼女のような優秀な女性が活躍するのは、喜ばしい限りだろう。実際、マダム・クリントンは、男性にも劣らない優れた能力の持ち主であることは間違いない。

しかし、これほどまでに活躍できたのは、元ファーストレディという立場で、世間的に認知度が高かった点は否定できない。他の女性と比べて周囲の信頼を得ることも容易だったはずだ。

つまり、夫のビル・クリントンの存在がなければ、彼女1人で、あそこまでのぼりつめることはできなかったように思われる。活躍する女性のバックに、男性パートナーの影が少なからず見え隠れするというのは、どこの国でもある話だ。

それに、アメリカにも、女性は家庭を守り、よき妻、よき母でいるべき、とされた時代があった。今も共和党保守派とその支持層に、そうした思想は根強く残っている。女性が男性以上に活躍するようになりつつある現状を、快く思わない男性も少なくない。

たとえば、社会的な地位も収入も低い移民系の男性や、白人であるというプライドだけで生きているようなプアホワイトと呼ばれる男性にしてみれば、自分たちの地位を脅かす女性の存在は脅威である。女性の活躍を目にするだけで、プライドが傷つけられたように感じることもあるだろう。

一方で、アメリカは女性差別についての社会的な問題意識が高い。そういったことが逆に男性に負荷をかけている可能性もある。

たとえば、男性は子供の頃から、レディーファースト、男女平等といった教育を受けている。ルールをきちんと守りなさいと周囲に言われるほど、男性は女性に対してプレッシャーを感じるようになるものだ。

そうした負荷の強い社会で生きる男性はどうなるか。

一つの傾向として、地位やお金以外の部分で自分の価値を見出すようになりやすい。たとえば、体を鍛えてマッチョになり、男らしさを強調するほうへと向かうのである。そうした強さや男らしさを周囲に誇示することもある。プライドを保つために、自分より立場の弱い者を攻撃して、憂さ晴らしをしたりもする。アメリカで、妻に暴力を振るうDV（ドメスティック・バイオレンス）が多い背景には、こうした要因も潜んでいるのではないか。

アメリカには、女性や特定の人種に対する様々なマイノリティ優遇措置があるという。こうした措置があること自体が、差別が存在することの裏返しとも言える。

もちろん、何の差別もない理想的な環境というのは、おそらくありえないだろう。なので、少しでも差別をなくすために対策を考えなければならないのだが、そのために、マジョリティ側や優位性のある側に、最初から強い負荷をかけすぎると、思わぬ反動を生む可能性がある。

だから男尊女卑の問題も、はじめから理想を押しつけるのではなく、男女がともに生きやすくなる方法を、それぞれ個別に考えていくしかないのではないだろうか。

第5章 男女の違いをどう捉えるか

どの時代、どの社会を見ても、まったくの男女平等というのは存在しない。そもそも男女には性差があり、そこからして同じ存在にはなりえない。そうした事実を無視して理想に走りすぎると、男女の関係がこじれてお互い生きづらくなってしまうこともある。

この章では、男女平等を意識しすぎて、かえって問題を複雑にしているように思われるケースをいくつか取り上げる。そこから男女の違いをどう捉えていけばいいのか、考えていくことにしよう。

「男女平等教育」の幻想

男女平等に関する意識は、教育現場では以前より高くなっているようだ。性による社会的、文化的差別をなくそうという「ジェンダーフリー教育」が、あらゆる場面で浸透しているらしい。

だから今の学生たちは、社会に出るまで「男女平等」であることを疑わないようだ。不平等な社会を想像したこともないし、そんな現実を教えられたこともないという若者が増えている。良妻賢母を育むことをモットーとする女子大は今もあるが、時代の流れで、キャリア教育に力を入れ始めたという話も聞く。それに、小・中・高校の教育現場では、男女平等に関して、やや過剰な配慮がなされているように見受けられる。

たとえば、昔はランドセルといえば男の子が「黒」で女の子が「赤」というのが定番だったが、今は自由に色を選べる。いつの頃からか入学時期が近づくと、ピンクや水色といったカラフルなランドセルのCMをよく目にするようになった。

男女混合名簿を作っている学校も、珍しくないようだ。男女別にすると「男子が先、女子が後」で男性優位になるから、差別しないよう配慮しているのだとか。

ある年代より上の人々は、中学生になると「男子は技術科」「女子は家庭科」と別々の授業を受けていたが、今はそれもない。中学や高校で、男子も家庭科を習うようになっている。

こうした男女平等教育には、確かにいい面もあるだろう。しかし「男女平等」を教育現場であまりに熱心に教え込むと、社会に出てからそのギャップに苦しむ人も出てくる。特に真面目な女性ほど、現状に不満を抱くようになりやすい。

たとえば、社会人になって3年ほどたった20代女性のケースである。

彼女は非常に真面目で仕事熱心。向上心もキャリア志向も強いタイプだ。学生時代も受験勉強に熱心に取り組み、有名大学を優秀な成績で卒業している。

会社に入ってからも、同期入社の男性と同じかそれ以上に働き、残業もいとわなかった。彼女自身も、男性に負けず頑張ってきた自負がある。それなのに、「仕事ができない男性社員のほうが上司にもかわいがられていて、大きなプロジェクトの担当になっている」のだと言う。自分のほうがもっと評価されてしかるべきなのに、という不満を彼女は抱いている。

「結局、できない男性のほうが、男上司はかわいくて仕方ないんですよね。自分の地位が脅かされることもないし。それにうちの会社では何となく〝女には任せられない〟という空気を感じるんです」と彼女は言う。

傍目《はため》には、それなりの有名企業で正社員になれた彼女は、恵まれているように見える。けれども、彼女の中には常に「納得できない」という思いが渦巻いている。

これまでは、自分の頑張りがあれば周囲に評価されてきた。むしろ女性のほうが優秀と言われることのほうが多かった。

それが、卒業とともに男性中心社会に放り込まれ、頑張って働いても男性のほうが評価されるように感じることが増えた。そこではじめて彼女は、自分の「女性性」と「男女不平等」を意識したのだ。自分が個人的に評価されているのかどうかを考えるよりも先に、社内の男女の扱いに違いがあることに不満がある。

彼女のような人は、おそらくこれからも苦労することが多いだろう。

いい悪いは別にして、今の世の中が男性中心社会であることは否めない。社会的に高いポジションに就いている人は、ほぼ男性だ。そして男性上司を立てて、それこそ鞄《かばん》持ちくらいのことをして気に入られる人が出世する世の中である。

彼女のように、「男女の別なく能力で評価されて当然。そうあるべき」といった考えにとらわれてしまうと、そうではない現状を見るたびに憤慨し、不満を持ち続けることになる。

「私、コンパニオンじゃありませんから」と思う女性の生きづらさ

そういう自分の扱われ方に対する不満をはっきりと表に出して、立場をかえって悪くしてしまう女性もいる。

たとえば、30代半ばの女性Aさんの会社で起こったケースである。

その会社では久しぶりに新人を採用した。若い20代の女性２人で、どちらも仕事をテキパキこなすタイプ。はじめは部署での評判は２人とも良かった。

ある時、親睦《しんぼく》の意味も兼ねて、その部署では忘年会をすることになった。新人の女性２人が真面目を絵に描いたような人物で、仕事以外の話をあまりしたことがなかったため、会社にもっとなじんでもらおうと男性上司が企画したのだ。

他部署の人も集まり、総勢15人くらいの飲み会となった。Ａさんは、新人女性２人のお目付役のような形での参加である。

宴《うたげ》は進み、みんなで楽しく飲んでいたところ、男性上司のグラスが空いていることにＡさんが気づいた。そこで近くに座っていた新人女性の１人に、「部長のグラスにビールついでくれる？」と何気なく頼んだ。すると、その新人女性はあっさり「私そういうの苦手なんで。コンパニオンでもありませんから」と答えたのだとか。

Ａさんは驚き、一瞬、自分が何を言われたのか理解できなかったそうだ。もともとＡさんは性格的におっとりしたタイプである。社内での女性の扱われ方を特に意識したこともなかった。女性だから何か不利益を被っているとも思っていなかったが、その新人女性の反応で、これまで考えてもみなかったことをつきつけられた気がしたという。

自分が当たり前だと思ってしていたことは、女だからという刷り込みによるものなのだろうか？　そういうことを進んでしようとする自分が間違っているのだろうか？　結局、Ａさんは新人女性に何も言い返せないまま、自分で上司のグラスにお酒をつぎにいったらしい。

翌日、そのやりとりが社内でちょっと話題になったという。男性社員たちが「やっぱり今の若い子は違うねえ」などと冗談めかして話していた。

やがて社内では、新人２人の扱い方にだんだん差が出てくるようになったとか。「コンパニオンじゃありませんから」と答えた女性に、周囲が仕事を頼まなくなったのだ。特にちょっとした雑用を頼みづらい雰囲気になり、その新人女性は手持ち無沙汰でいることが多くなった。

もちろん、その飲み会の一件だけが理由ではない。しかし、自分が本当にやるべき仕事かどうか、女性だからやらされているのではないか、といった意識が垣間見えるようになった彼女に、仕事を教えようという周囲の空気は薄れていった。そして「仕事熱心」という評価は、いつの間にか「野心家」に変わり、彼女はやや浮いた存在になった。柔軟性や協調性がないと周囲に思われてしまったようだ。

ほどなくして、その若い女性は職場を去り、もう1人の女性が残った。残った女性はAさん同様、自分の扱われ方を特に気にするタイプではなかったそうだ。

男性以上に、女性のほうが扱われ方に過敏になって頑《かたく》なな態度で対応しすぎると、周囲とギクシャクすることが少なくない。男性社会では、柔軟に対応する術をある程度身につけておかないと、何かとやりづらい現実が待ち受けているのである。

高学歴エリート女性の陥りがちな罠

男性優位の社会に対して生きづらさを感じるのは、どちらかというと、高学歴のエリート女性に多いかもしれない。勉強ができる秀才で、学校で習ったことにあまり疑いを抱かないタイプである。ただ、彼女たちの多くは、その原因が何なのか、自分でもよくわかっていない。わかっていないまま、男社会のあちこちで衝突し、周囲も自分も不満や悩みを抱え続ける。

仕事だけでなく、恋愛でも、どうしてうまくいかないのだろうと思っているエリート女性は少なくないようだ。たとえば、猛勉強して医大に入った女性が、同じ大学の男性に相手にされず、医師になっても女性として見てもらえず、結婚したくても独身のままというケースは珍しくない。

一方、同じように医大生になった男性は違う。医者の卵なので、黙っていてもお嬢様大学の女性たちが積極的にアプローチしてくる。医師になってからは、社会的地位の高い職業ということもあって、セレブ妻を夢見る美しい女性たちが近づいてくる。そこから幸せな結婚に結びつくこともある。医者の世界に限らず、男性と比べて、高学歴の女性はどこか割に合わないと思い知らされることが多い。

エリート女性というのは、一見、仕事の成功も恋愛の幸せもつかみやすい立ち位置にいそうなのに、なぜそうなってしまうのか。

一つの理由として、彼女たちが持っているプライドが考えられる。プライドは自分を高める原動力になるが、それが悪い方向に進むと手に負えない。自分の力でやってきた、周囲に認められてきた、という自負が強すぎて、男性に対抗したり攻撃したりといった方向へ向かうことがあるのだ。

プライドについては、拙著『プライドが高くて迷惑な人』（PHP新書）の中で詳しく分析したので詳細はそちらにゆずるが、自分のプライドを最優先し、それを守るためなら何でもするという人は、周囲との軋轢《あつれき》を起こしやすい。

その結果、周りに「困ったちゃん」と思われてしまうタイプは「自慢賞賛型」「特権意識型」「操作支配型」の三つに分類できる。

自慢賞賛型というのは、自分の優位性を誇示しなければ気がすまず、賞賛や尊敬を求めるタイプ。相手がそれに応じてくれないと機嫌が悪くなる。特権意識型は、自分は特別と思い込んで周囲にも特別扱いを要求する。操作支配型は、周りの人を自分の思い通りに操作して支配したい欲求が強いタイプである。

高学歴で、周囲との摩擦に悩んでいる女性は、これらのタイプのいずれかに当てはまっている可能性がある。先に紹介した女性の、「自分のほうがもっと評価されるべき」「コンパニオンじゃありません」といった言葉からもそれは垣間見える。

やはり今でも日本社会では、女性は愛嬌なり、謙虚さなりを持ち合わせているほうが受け入れられやすいのかもしれない。

だから恵まれた女性ほど、そうした自分のプライドの罠に陥らないよう、注意したほうがいいのではないだろうか。

フェミニストはなぜ同性からも反発を受けやすいのか

高学歴エリート女性としてもう一つ思い起こされるのは、女性フェミニストだ。

彼女たちは、女性であることを理由にした社会的、伝統的な束縛からの解放と、女性の権利や立場の向上を率先して訴えてきた。ところが、このようなフェミニスト女性の主張というのは、不思議なことに、男性からだけではなく、女性からの支持もあまり一般的には得られていないように見受けられる。

それはなぜか。

一つには、フェミニストとして活動している女性の多くが、特に今、現実社会で困っている女性の境遇と、いつの間にか、かけ離れてしまっていることが挙げられるのではないか。

近頃、女性を取り巻く社会的状況は厳しい。たとえば、女性の貧困問題はニュースでもよく取り上げられるようになった。シングルマザーの経済的な困窮、派遣社員の女性の給料問題など、様々である。

一方、フェミニストはというと、だいたい、大学教授や政治家、評論家などで、高学歴のエリート女性が少なくない。彼女たちは、一般女性と比べると、お金も地位もある。女性の地位を向上させてほしいと願う一般女性の境遇とは、かけ離れている感が否めない。

様々な問題を抱える一般女性からすれば、立場の違いすぎるフェミニストが自分たちの代弁者とはなかなか思えないだろう。

もちろん、今よりフェミニストが元気だった時代もある。しかし彼女たちが注目されていた80年代も、どこかしら反発を覚える女性は少なくなかった。

それはもしかしたら、フェミニストの内面に潜むものが、一般女性に見透かされていたからかもしれない。フェミニストが抱く願望に、普通の女性たちが、違和感を覚えていた可能性もある。

第3章で述べたように、女性の中にも、自分たちが「去勢された存在」であることを認めたくないと思う人がいる。そういう女性は、自分にないファルスを持つ男性に対する羨望から、女性らしさを否定し、男らしさを強調する方向へ向かう傾向が強い。男性と同等であることを強く求める女性フェミニストには、このような傾向が相当強そうなタイプが少なくない。

つまり、フェミニストは「私もいつかはファルスを手に入れて、男性と同じようになろう」といった願望を抱いている可能性が高い。女性の味方のように振る舞いながら、実は「自分も男性と同じように支配する側に回りたい」と無意識のうちに思っている。「女性らしさ」を否定せず、男性に自分を重ね合わせることのない普通の女性からすると、そこに大きな違和感がある。

もっとも、ラディカルなフェミニストたちは、こうしたフロイト精神分析理論自体を批判してスタートした面もあるようだから、こんなふうに批判されることに大きな反発を覚えるかもしれない。

ただフェミニストが、同性からもなかなか支持されなかった理由は、こんなところに潜んでいるように私の目には映るのである。

男性への見えない負荷が大きくなっている日本

女性が男性優位社会で苦労している一方で、実は男性も、生きづらさを感じることが増えてきているようだ。実際、男性に対する社会の見えない負荷が、以前より大きくなってきている。

たとえば、アベノミクスで景気は良くなったと言われる一方で、それは大企業と都心だけで、地方にその恩恵は行き渡っていないとも言われている。実際、地方にあった大企業の工場は閉鎖が相次ぎ、人件費の安い外国へ出ていった。そのため、地方に行くほど男性に仕事がない。正社員で採用されても、男性の賃金の値下がりは女性より大きい。非正規雇用になると、給料はさらに安くなる。妻子を養えないからと、結婚を諦める若者も増えているといった話もある。

経済的なことばかりではない。それまであった、男性のイメージをかさ上げする「上げ底」とも言うべきものもなくなってきている感がある。

少し前に、昭和ひと桁世代の高倉健さんと菅原文太さんが相次いで亡くなったが、それはある意味、私には象徴的な出来事のように思えた。私の父も昭和ひと桁世代で、ちょうど思春期の時に敗戦を経験している。日本が戦争に勝っていた頃の記憶もおぼろげながら残っている世代だ。それ以降はみな、負けた日本しか知らない。

そんな彼らの時代までは、いい悪いは別にして、男らしい男、強くて頼れる男、というはっきりしたイメージがあったのではないか。本人だけでなく、社会全体がそのイメージを信じ、支えてきた。

しかしそうしたイメージ戦略はすでに崩壊してしまっている。

こうした状況で、男性がプライドを保ち続けるのは容易なことではない。若い未婚の男性の中には、劣等感やコンプレックスから、自分より収入や学歴があり、弁も立つ大人の女性には近づきたくないという人もいる。そういう男性が、アニメやゲームなど二次元の世界に癒しを求めているのではないか。

様々な負荷に耐えられなくなった男性が、外の世界に対してストレスのはけ口を求めようとすると、それはたいてい、自分より弱い立場の者へと向かう。たとえば妻だったり、幼い子供だったりする。

家庭内の虐待で幼い子供を死に追いやってしまうような事件では、無職の男性が暴力を振るっているケースが少なくない。社会的に立場の弱い者が、さらに弱い者を叩くことでうっぷんを晴らすという構図が、ここにはある。

以前、私の外来を受診した40代後半の男性も、大変な負荷を抱えた人だった。勤続30年の会社をクビになり、再就職先がなかなか見つからない状態が続いていたのだ。

やがて、介護の研修に行くことになった。介護業界は仕事の大変さの割に給料が安く、離職率が高い。そのため人材の募集が常にあるので、ハローワークで勧められたようだ。

彼は根は真面目な人だった。研修の間も一生懸命、見よう見真似で仕事を覚えた。不慣れなことをしている自覚はあったが、職を得るために自分を抑えて頑張っている様子は見てとれた。

ところが、実際に職場を紹介されて働きだしてから、「2日くらいで吐き気がして辞めてしまった」と涙ながらに訴えた。研修を受けていたとはいえ、実際の現場は想像以上に過酷だったようだ。

これまで彼はホワイトカラーで働いていて、部下もいた。家のことはほとんど妻に任せてきたので、家事などしたこともない。それが急に、介護の仕事に就き、年配の人の食事の世話から下《しも》の世話まですることになったのだ。彼が抱く喪失感やストレスは、相当なものだったに違いない。

介護の仕事が合っていて、続けられる人はいいだろう。しかし彼のように合わない人もいる。それでも彼が無理して仕事を続けていたら、その負荷のはけ口がどこへ向かったかわからない。

診察しながら、ニュースで見る介護施設での虐待事件を思い出さざるをえなかった。職員にかかる様々な負荷が、立場の弱い老人に向けられ、それが事件に発展しているに違いない。

特に、家事や育児をしたことのない今の中高年男性が、何らかの理由から介護の職に就いた場合、そこで直面する困難さ、今後増えそうな事件は想像するにあまりある。

幼女への危うい憧れの背景

こうした男性に対する見えない負荷が強くなると、普段抱いている欲望が、ゆがんだ形で表れることもある。

昨年、岡山県倉敷市で小学5年生の女児を誘拐し、監禁していた49歳の男性が逮捕される事件があった。誘拐の目的は身代金ではない。供述によれば、「自分の好きな女の子のイメージ通りに育てて、将来は結婚したかった」のだとか。警察が自宅に踏み込んだ時、少女はパジャマ姿でテレビを観ながらくつろいでいて、男は「私の妻です」と紹介したという。監禁部屋には、壁と床と天井に美少女アニメポスターが貼られ、異様な光景だったと言われている。

驚きの事件として取り上げられたが、私の目にはある意味、男性に潜む「支配欲求」に、強い負荷がかかっておかしな方向に噴出した事件のように映った。

少女趣味と言うと、そんな欲望は自分にはまったくない、と思う男性もいるかもしれない。しかし女性に対する支配欲求は、多かれ少なかれ、男性は抱いているものだ。ただそれが、大人の女性相手ではなかなか満たせないと、その裏返しで幼女や少女に向かってしまうだけの話だ。

たとえば、今も女性の憧れである光源氏は、現代から見れば完全な少女趣味である。15歳になった紫《むらさき》の上《うえ》を妻にしたが、もともと紫の上を見初めたのは彼女が10歳の時。それも、自分の生みの母親と、義理の母・藤壺《ふじつぼ》に似ているからである。これは、少女趣味のためであると同時に、マザコンだからでもある。そうして紫の上を自分のもとに引き取って育て、妻にしている。

もちろん、この時代は平均寿命が短く、12〜14歳で女性は成人と見なされていたということもある。しかし現代でも、生理がくる前の少女を嫁にして売買婚をする国もあるというから、男性の欲望としては存在すると考えられる。一方、女性が幼い男の子をそういう対象として見るという話はあまり聞かない。

幼女をあえて性対象として選択したがるのは、やはり自分の言うことを聞いてくれる存在だからだろう。幼女は少し脅せばおとなしくなるし、自己主張しないので意見がぶつかることもない。成人女性は、不満があればあれこれうるさいが、少女相手だとそういう面倒がない。完全に征服できる。つまり自分の「支配欲求」が十分に満たされる。そして12〜13歳というのは、ちょうど初潮を迎えるくらいの年齢だ。幼いけれども男性の子供を産んでくれる対象でもある。

だから先の逮捕された男が語ったことは、それほど突飛な話ではない。彼は自分の本心を、正直に警察に話しただけなのだろう。この男にとってその少女は、自分の「支配欲求」を十分に満たせる、ある意味、完璧な存在だったのだ。

もちろん、そうした欲望は、今は文化や教育によってタブーとされているし、欲望のままに行動すれば犯罪になる。日本は教育が行き渡っているから、世間一般は拒否反応を示す。常識のある人、良識のある人ほどそうである。そういう欲望を持っていたとしても、抑えなくてはいけないという社会の圧力がかかっている。それを多くの人が受け入れている。

しかし、男性が様々な社会の負荷に耐えきれなくなり、欲望のタガをはずしてしまうと、先のような事件につながることも考えられる。だから、あまりに男性に負荷のかかりすぎる社会というのも、また違った問題を抱えるように思われるのである。

男性は「喪失」に弱い生き物

最後にもう一つ、男女がお互いにその違いを知っておいたほうがいいのではないか、と思うことがある。男性は、女性に比べて「喪失」に弱い生き物だということだ。

以前、私が総合病院の神経科に勤めていた頃、ある若い男性が、母親に付き添われて入院してきた。彼はある時から気分が落ち込み、何もする気がなくなって、夜も眠れなくなってしまったのだという。夜眠れないから、朝も起きられない。そうして会社に行けなくなった。最初は休んで様子を見ていたが、「死にたい」と口走るようになって、親が心配して連れてきたのである。

ところが、入院が必要になるほどまでに至った理由を知って驚いた。なんと彼は「失恋」がきっかけで、そうなってしまったのだ。その時、私より10歳ほど上の先輩医師が、「失恋して入院してくるのは絶対、男だ。女の人が失恋で入院してきたのなんて見たことがない」と言っていたことが忘れられない。

当時は、その先輩医師の言葉を、本当にそうかなと疑っていた。ところがその後、いくつもの病院で、外来の患者さんを診察し、病歴を聞くうちに、「学生時代に失恋して入院したことがある」と言う男性が、結構いることに気づいた。先輩医師の言っていたことは本当だったのかとあらためて実感したものである。もちろん女性も失恋するが、実際に入院した経験がある人はほとんどいない。

なぜ、このような差が生まれるのだろうか。

やはり一つには、つらいことや苦しいことがあった時、素直に涙を流せるかどうかということが影響していると考えられる。女性は失恋して悲しい時に泣けるが、男性はなかなかそれができない。その違いが大きいのではないだろうか。

先にも述べたように、一般的に「男は泣いてはいけない」という風潮が今もあるのは否めない。だから男性の多くは普段から自分の感情をあまりあらわにしない。悲しくてもつらくても男は泣いてはいけない、と刷り込まれてきたので、感情を押し殺して我慢してしまう。その影響があとで心身に出てくると考えられる。

やがて気力がなくなり、ご飯が食べられなくなり、夜も眠れなくなる。体調を崩して会社にも行けなくなって、入院するしかなくなるのである。

年配夫婦によくあるケースで、こんな話をお聞きになったこともあるのではないだろうか。夫に先立たれた妻は、1人になってからも趣味や旅行を楽しんでイキイキしている。一方、妻に先立たれた夫はガックリと肩を落とし、いつまでたっても元気がない――。これも男性のほうが「喪失」に弱いことの表れだろう。

では男性が「喪失」に弱いのはなぜなのか。それは、これまで述べてきたように男性が根源的に抱えている「去勢不安」によると考えられる。あるものがなくなることへの不安が、男性は女性より強い。自分の大切なものを奪われることに対して、強い恐怖を感じる。このような喪失体験は、死別だけではない。離婚や失恋といったことも当てはまる。

失うことへの恐怖が強いからこそ、その代わりとなるものを崇め奉るという行為が社会に生まれるとも考えられる。

たとえば、剣を飾ったり、祭りで大木を転がしたりするという行為である。神社の神棚に、男性の〈それ〉とわかるものが直接、奉られている地方もある。日本だけでなく、ギリシャやローマなど、世界各地で見られる男根崇拝の根底には、男性共通の「去勢不安」が潜んでいると考えられる。

しかも、小説や映画で「喪失と再生」というモチーフを繰り返し選びやすいのは、どちらかというと男性のほうではないか。「喪失と再生」は、物語の永遠のテーマとも言えるが、男性は「喪失」への恐怖を抱いているがゆえに、こういうテーマを選びやすく、それを乗り越える「再生」を描くことで、ある種の自己治癒をしているとも言える。

いずれにせよ、男性の心の安定にとってはファルスをリスペクトしたり、誇示したりすることが必要なのだ。男性が「喪失」に対して抱く恐怖や不安は、女性の想像以上のものがある。

そうした男女の違いを、まずそのまま受け止めるという姿勢も必要だろう。最終章では、そのあたりのことも、もう少し考えていくことにしよう。

第6章

男尊女卑のスパイラルに陥らないために

男性優位の社会に対して過敏になりすぎると、女性にとっていいことはない。けれども、相手の男尊女卑の言動によって自分が傷ついたり、悩んだりしている場合は、自分の身を守る必要がある。

そういう言動で自分が困ったら、何か言ったほうがいいのだろうか？　仕方がないと無視したほうがいいのだろうか？　それとも他に何かいい方法があるのだろうか？

具体的な処方箋はいろいろあるが、何よりも大切なのは、男女の「わかりあえなさ」をまず受け入れることだ。これはすべての人間関係に共通することでもある。

小バカにし続ける夫にはどう対応すべきか――〈対策〉距離を置く

第1章で紹介したケースで、人前で妻を貶めるような会話をして妻を小バカにする夫に対しては、「やめてほしい」とはっきり言うべきだと述べた。アンナ・フロイトの言う「攻撃者への同一化」というメカニズムによって、夫が自分でも気づかぬうちに、立場の弱い妻を攻撃してしまっている可能性があるからだ。

ただ、このような夫は、妻の言うことになかなか耳を傾けないだろう。自分の非を認めるのはプライドが許さないし、ファルス優位の思考で、妻は自分より下の存在と思い込んでいることもある。こうした思い込みを、外から変えるのはなかなか難しい。

そういう場合、やはり物理的に距離を置く必要がある。攻撃的な人からはなるべく離れて、そばに近づかない。一緒にいる時間を減らすのである。

会社の上司が相手なら、その上司がいる時はなるべく席をはずす。別の場所で仕事をする。飲み会でもなるべく遠くの席に座る。友達の前で妻を貶めるような夫とは、一緒に出かけないのが一番だ。根本的な解決ではないが、心身を守るには有効な方法である。

直接、小バカにされることとは少し違うけれども、次に紹介するような、夫の支配から逃れたい場合も、いったん距離を置くといい。

以前、あるテレビ番組で、定年後の夫婦の何気ない朝の風景が映し出されていた。その光景は、まさに日本の年配夫婦の姿とも言うべきものだった。

まず、朝起きてきた夫は、「おはよう」と言って台所にあるテーブルの定位置に座り、新聞を広げる。妻がパンを焼いて目の前に置くと、「バターは？」と一言。妻が机の上に置いてあったバターを夫の近くに持っていく。しばらくして「牛乳」と夫がまた一言。冷蔵庫は夫のすぐ真後ろにあるが、自分で取ろうとはしない。妻は冷蔵庫を開けて、牛乳を取り出し、夫のコップについだ。

カメラはそのまま回り続けていたが、その旦那さんはほぼ一日中、ほとんど動かぬまま台所にいた。ところが、妻が「今から出かけてくる」と夫に伝えると、急に矢継ぎ早に妻に声をかけた。その内容は、「どこ行くんだ?」「何時に帰ってくる?」「おれの夕飯はどうなってる?」という啞然とするようなものだった。

こういう夫は、おそらく妻をバカにしているつもりもないし、支配している意識すらないだろう。しかし妻の側から見れば、定年になって四六時中家にいるようになった夫に、部下や家政婦のように扱われ、行動を監視されているようなものだ。

そこには自由も信頼も、妻に対する敬意もない。夫は自分の聞きたいことだけを尋ねているつもりだろう。しかも妻は何をするのか聞かれるたびに、自分の行動を責められているように感じてしまう。見下され、自分を否定されているような気分になることさえある。夫に熱中できるような趣味でもあればいいが、そういう趣味がないからこそ、夫の目が妻に向くのである。

このような夫に「あなたも何か趣味を持ったら」「少し家事を手伝って」などと言って

も、時間とエネルギーのムダである。とっとと自分が出かけてしまうか、男性に、図書館でも囲碁教室でもどこでもいいので、外に一つ居場所を作ってもらうしかない。意識的に一緒にいる時間を少なくするしかないのである。

残念ながら、こういう相手がそのうち改心することは少ない。「過去と他人は変えられない」というのは、どんな対人関係においても真理である。

自分の性格や立場が過去の積み重ねで築かれているように、相手を作ったのも、長年の言動や経験なのだ。だから女性が心身のバランスを崩さないためにも、そういう男性とは顔を合わせないのが一番だ。

男女がお互いに気持ちよく過ごすためにも、積極的に離れる時間を作らなければならない。

男性のプライドを踏みにじると諍いが……――〈対策〉「上げ底」を履かせる

基本的に男性は、プライドの高い生き物であることもこれまで指摘してきた。女性の側がそのことを理解して、時には男性に「上げ底」を履かせてあげるのもいい。一例を挙げよう。こちらも定年後の60代の夫婦のケースである。

その奥様はガーデニングが趣味で、庭の手入れをするのが生き甲斐だった。とりわけイギリス風のガーデニングに憧れていて、丹精込めた何十種類もの色とりどりの花を、自然な風景を彩るように配置していた。それらの花を育て、手入れをし、庭をどう美しくレイアウトするかを考えるのが彼女の楽しみだった。

夫のほうは退職後、特に趣味もなく、毎日のように「何もすることがない」とこぼしていた。そこで彼女は「あなたも一緒にお花でも植えてみる？」と、ある時、誘ってあげたのだという。

手始めに、パンジーを植えようという話になった。花壇にちょっとした空間があり、そこを埋め尽くすように苗を植えることは、夫にもできるだろうと考えたのだ。

それでたくさんの苗を渡したところ、夫は妻の予想外の行動をした。なんと、パンジーの苗をビシッと一直線に並べて植えたのだ。周囲の花々が自然に植えられている様子と比べ、夫が植えた空間は、あきらかに浮いていた。ガーデニングはしたことがなくても、彼女が手入れしている庭を見れば、なんとなく要領はわかるだろうと思っていたのだが、妻の予想はあっさり裏切られた。

こういう時、「何やってるの！　こう植えるのよ」と、夫を否定してしまいそうになる。

だが、彼女はそんなことはしなかった。しみじみ悟ったからだ。「ああ、この人は会社でもずっとこうだったんだわ。真面目でまっすぐで、部下にも細かいことをあれこれ言って、それで部下が指示通りに従うのに満足してきたのね。定年しても変わらないわ、きっと」と。

几帳面にまっすぐ植えられていたパンジーが、これまでの夫のすべてを物語っているように彼女には思われた。その時は、夫に「ありがとう」以外にかける言葉が見つからなかったそうだ。

夫のプライドを傷つけず、さらに上げ底を履かせるには、「まあ、きれいね。こんなまっすぐな植え方ははじめて。新鮮だわ」くらい言っておいてもいいのかもしれない。部下を失い、会社を失い、プライドを保てる場所を一気に失った男性にとって、自分のしたことを認められることは何よりの喜びになる。

賢い女性はすでにしていることかもしれないが、男性はプライドの塊であると肝に銘じておくと、余計な諍《いさか》いを起こさずにすむのである。

女性は「男尊女卑」にどこまで敏感になるべきか――〈対策〉まず観察する

いくら言っても変わらない現実を受け入れ、男性に合わせるのも一つの手、という話をすると、「結局、女性の側が折れるしかないんですか」と思う女性もいるだろう。高学歴で、能力が高い女性ほど、自分が「折れる」ことに抵抗があるようだ。

過去を振り返れば、折れるか主張するかといったバランスの中で、女性が少しずつ権利を勝ち取ってきた歴史がある。

私はというと、保守的と批判されても、現実の否定から入らずに認めるところから始めたほうが、お互いのためになると考えている。

「雌鶏《めんどり》歌えば家滅《ほろ》ぶ」という慣用句がある。妻が夫を出し抜いて権勢をふるうような家はうまくいかず、やがて滅びる、という意味である。家の中で女性があまり出しゃばってガアガア言うようになると、家庭にしても、商売にしても、国家にしても滅びてしまうということだ。

夫が甲斐性なしで商売の才能がなく、妻がしゃしゃり出ないといけない家もあるかもしれないが、そういう家はうまくいかない。だから女性はあまり出しゃばってはいけない。日本ではこれまでずっと、そういう考え方が美徳とされてきたのである。

その典型は、NHKの朝ドラ『マッサン』に出てきた、マッサンとエリーだろう。エリーは、ニッカウヰスキーの創業者である竹鶴政孝をモデルにした主人公・亀山政春（マッサン）の妻である。国際結婚がまだ珍しかった時代に、「あなたの夢をともに生き、お手伝いしたい」と、スコットランドからやってきた。

そして、マッサンの、日本でウイスキーを作るという夢に寄り添い、苦労しながら手助けする。日本語も話せる。だがウイスキー作りは失敗続き。そこに太平洋戦争が勃発する。外国人であるエリーはスパイ容疑までかけられる。そんな苦難の中でも、明るく前向きなエリーは、典型的な「内助の功」で夫に尽くす。

同じくNHKの朝ドラで放送された『花子とアン』は、夫のほうが内助の功で、翻訳家として仕事に打ち込む妻を支えるという対照的なものだった。どちらが日本で美徳とされているかと言えば、やはりエリーのような、女性の内助の功である。

地方によっては、そうした女性の内助の功が今も求められているところもあるだろう。仕事をしている女性は、舅姑や親戚などの集まりで、「仕事ばかり根つめないで」とか「息子を支えてやってくれ」とか、直接言われることもあるかもしれない。そうした言動に敏感に反応し、絶対許せない、と現実を拒否するところから入ると、女性のほうばかり怒りや悩みを抱えることになる。

だから、まずは目の前で起きている出来事を、冷静に観察することが大切だろう。相手が、なぜ自分を軽んじるような言葉や態度をぶつけてくるのか。その裏にはどんな心理が潜んでいるのか。

そして、自分がそれをスルーするのか、距離を置くのか、数時間だけ我慢するのか、対処法を考える。よりストレスの少ない方法を選べばいい。背景がわかれば、自分の中で嫌な感情が増幅することもない。観察し、現実をまず受け止める、というワンステップが必要だろう。

「私の人生なんだったの」とならないために──〈対策〉欲望を無視しない

もちろん、目の前の現実を受け止めるということと、自分の感情を無視するということはイコールではない。見返りを求めず献身的に支えることなど、聖者でなければできない。それに内助の功も行きすぎると、女性が後悔する羽目になる。

たとえば、夫に寄り添って支えるのはいいが、夫や子供の成功だけが自分のよりどころになると、気づかぬうちに自分が不幸せになっていることもある。これは比較的、日本の奥様方に多いことかもしれない。

同窓会に出席した60代の女性の話である。

彼女は当時としては珍しく、結婚してからもずっと働き続けていた。給料は減ったが、今も嘱託の形で働いている。子供はなく、20代で結婚した夫と2人暮らしをしていた。そして最近、夫とも死別して、今は1人暮らしだ。

同窓会には懐かしい顔ぶれが集まった。彼女はこの日をとても楽しみにしていた。ところが、女友達との会話は思うように弾まなかったそうだ。というのも、出席した女友達が一様に夫の悪口ばかり言い合い、彼女をうらやましがったからだ。「あなたは独り身でいいわね、気楽で」「仕事もあるし」などと、夫の悪口の合間にちょこちょこ彼女に当たってきた。

女友達のいらぬ羨望と攻撃を受けて、彼女は居心地が悪くなってしまった。しかも話を聞くうちに、だんだん腹が立ってきたのだとか。

忘れもしない、まだ20代でみんなが結婚したての頃、彼女たちは夫の自慢や、結婚生活の自慢、子供の自慢をあれだけしていたではないか。専業主婦であることを誇りにしていて、働き続ける自分のことを哀れんでいたではないか。

それなのに、今は夫と主婦業の文句を言い、「本当は私だってあなたのように仕事をしたかった」「あの時はそうするしか選択肢がなかった」などと言い訳をするのか、と。同窓会の話をしてくれた60代の女性は、周囲を冷静に観察しているし、自己分析もできているから、感情をこじらせることはおそらくないだろう。しかし集団で自分の夫の文句ばかり言っていた女性たちは、「ここまで頑張ってきたのに、私はどうして報われないのだろう」と、これからも文句を言い続け、悩み続けるに違いない。

確かに、彼女たちが若かった頃は、亭主関白の男性も多かった。そんな男性が発する言葉は「風呂、飯、寝る」だけと揶揄されていたこともある。そういう男性に仕える妻は、夫の態度から何を欲しているのか即座に読み取り、今日はご飯が先かしら、お風呂が先かしら、と先回りして相手の欲望を満たそうと頑張ってきたのだろう。このような妻が好ましいとされていた時代は、確かにある。

一般に女性には、他者の欲望を察知する能力が求められる。親が自分にどうしてほしいのか、周りが何を期待しているのか、女性たちは他者の欲望を即座に読み取り、それに自分を合わせようとする。だから親や周囲の言うことをよく聞くし、子育てにおいても、今はおむつが濡れて泣いているのか、お腹がすいて泣いているのか、男性にわからないことでもすぐわかる。

こうした能力があると、周囲とうまくやっていきやすいのは事実である。しかし、度が過ぎると、自分より他者を優先する人生を送ることになってしまう。けれども子供はいずれ家を出ていくし、自慢していたはずの夫は〝濡れ落ち葉〟などと言われるようになり、うっとうしい存在に変わっていく。

そういう現実と向き合ってはじめて、先の女性たちは気づいたのだろう。他者の欲望を満たすことが自分の存在価値だと思ってきたが、自分の人生はそれだけでは満たされない、という事実にである。かといって、これまでは他者の欲望ばかり考えてきたので、自分が今さら何をしたいのかもわからない。

60歳や70歳を過ぎて、心療内科を受診する女性たちは少なくないが、彼女たちは一様に自分の人生の意味を見出せなくなっている。それが最初に体の症状となって出てきてしまう。熟年離婚が増えているのも、そのせいだろう。

だから自家中毒を起こしてしまわないためにも、女性は自分の欲望をきちんと自覚しなければならないのである。

狭い社会で逃げられない時は——〈対策〉スルーする

夫との関係とはまた別に、たとえば部署異動もないような小さな会社や、義両親との同居、ママ友界など、逃げられないような狭い社会で、自分を貶めるような言動をされている場合は、どうすればいいのだろうか。会う時間を少なくしたくても、日常的に顔を合わせ、付き合っていかなければならないこともある。

社長を含めて全社員15名ほどの会社で働いていたB子さんは、6年ほど勤めていた会社を辞めた。毎日のように終電帰りで、上司との飲み会が頻繁にあったし、今どき珍しい社員旅行に参加しないと白い目で見られた。

そして30代後半の男性上司は、社風を体現するかのような男尊女卑の考えの持ち主。体育会系で、女をバカにしている態度がにじみ出ていた。飲むと必ず、「女の子って仕事を教えても結婚してすぐ辞めちゃうんだよな」「男はあとでグンと伸びるヤツが多いんだけど」と、女性の部下はいらないということを暗にアピールする。

その一方で、たまに早く帰ると「今日はデート？」とお約束のことを聞き、常に何か物色するかのような視線を送ってくる。男性上司との関係にも疲れ果て、後輩女性を1人残して会社を去ったという。

数年後、ひょんなことから、B子さんはその後輩女性と飲む機会があった。B子さんは彼女とそれほど仲がよかったわけではない。しかし知り合いを通じて、数人で飲むことになったのだ。後輩女性は、いまだに同じ会社に勤めていた。

B子さんはかつての男性上司の悪口を言いまくり、「よくずっと勤めていられるね。嫌じゃないの？」と後輩女性に聞いた。すると驚きの答えが返ってきた。「でもおじさんって、みんなあんなふうじゃないですか？」

それまで、まったく何の感情も抱いていなかった後輩女性に対し、B子さんは尊敬の念すら抱いたという。タバコを吸いながら達観したことを語る彼女が、人生経験豊富な大人に見える。同じ環境にいながら、ひょうひょうと仕事をしていた彼女の様子を思い出し、もっと早く打ち解けて話せばよかったと思ったそうだ。

狭い社会で攻撃を受けていると、どうしても視野が狭くなる。B子さんも、男性上司の言うことを1人で真に受け、どんどん自分の殻に閉じこもってしまったのだろう。後輩女性にも愚痴をこぼすとか、何らかの憂さ晴らしができていれば、少しは変わっていたかもしれない。そうすれば、退社してから数年間働く気力もなくなるほど、消耗しきることもなかったはずだ。

狭い世界で嫌なことばかり言われる状況にあるなら、「スルーする力」が必要になる。相手が拍子抜けするくらい、流してしまえばいいのである。

子供と違って大人は、自分で攻撃をかわして逃げ場を作れることを忘れてはいけない。それでも相手の攻撃が続く場合は反撃する。それもユーモアの力も借りて黙らせることができれば、最高だろう。

セクハラ問題をこじらせないために――〈対策〉いじめの定義を知っておく

これだけ世間がセクハラに関して厳しくなっているのに、いまだにセクハラ発言を繰り返すような男性は、第3章で述べたファルス優位の思考を持っている可能性が高い。もっとも、最近はネット社会の影響なのか、当の本人より、関係のない周囲が騒いでいることも少なくない。基本的に、セクハラかそうでないかを判断するのは、本人同士の関係性によると私は思う。

以前、NHKの朝の情報番組『あさイチ』で、男性アナウンサーがメインキャスターの有働《うどう》由美子さんに「熟女仕様」と発言したことがあった。それに対して視聴者から、「セクハラではないか」という意見が多数寄せられたとか。

その時、有働さんはスカーフを巻いていて、同僚の男性アナウンサーが「有働さんのは熟女仕様。くすんだ顔も明るく見える」と冗談を言った。ちょうどこの日の番組は「40代からのセクハラ」がテーマ。視聴者の様々なセクハラ体験談が紹介され、出演者がコメントするような内容だったという。

この件に関して、有働さんご本人は「相手は同期だし、冗談だとわかるから」気にしていないと答えたとか。おそらく、普段から楽屋でも冗談を言い合う仲なのだろう。

言葉は同じでも、傷つく人もいれば傷つかない人もいる。この人に言われるなら許せるけれど、別の人では許せないということもある。

厚生労働省の定義では、セクハラ行為は「対価型セクハラ」と「環境型セクハラ」に分けられている。仕事で不利な立場に追いやられる状況別に、二つに分類されている。しかし肝心のセクハラ行為に関しては明確な定義がなく、「平均的な（被害者と同性の）労働者の感じ方を基準とする」と書かれている。

このセクハラの定義に関しては、文部科学省が公表している「いじめの定義」を参考にできるのではないかと私は思っている。その定義とは、

（1）自分より弱い者に対して一方的に、
（2）身体的・心理的な攻撃を継続的に加え、
（3）相手が深刻な苦痛を感じているもの

という三つである。

いじめの基準にあるように、セクハラかどうかを判断する基準として、まず、両者に力のアンバランスがあるかどうかが挙げられる。強い者が弱い者をいじめるという関係にあることが一つの判断基準となる。次に、その行為が継続しており、心や体を攻撃しているかどうか。そして言われたことで、受けた側が傷ついたり、深刻なダメージを受けたり、苦痛を感じていたりすれば、立派なセクハラ行為と言えるだろう。

いずれにせよ、大切なのはまず当人たちの関係性だろう。自分が受けた行為がセクハラかどうか判断に悩んだ時は、参考にしていただきたい。

ターゲットにされやすい女性の特徴三つ

女性を支配したり、貶めたりする男性がいるのは確かだが、彼らにつかまりやすいタイプの女性も存在する。その特徴を記して、攻撃的な男性を寄せつけない防御策を考えていきたい。

付き合った彼氏が、いわゆるＤＶ男だったという典型的な女性のケースをここで紹介しよう。

その30代の女性のCさんは、見た目もかわいらしく、性格も明るい。女子大出身で細かなことによく気がつき、世話好きでもある。仕事も几帳面で、周囲に信頼されている。友達と海外旅行に行く時は、彼女が率先して、どの店で何を食べて、どこを見て……といったプランを立てるほどマメである。結婚する時、どこの家に挨拶に行っても、相手の両親から気に入られそうなしっかりしたお嬢さんである。

ところが、そんなCさんの男性遍歴が悲惨なのだとか。ＤＶ男と付き合うようになる前も、ろくな男性と付き合っていない。こんないい子に、どうして変な男ばかりが寄ってくるのだろうと、親しい女友達が長年不思議に思うほど。以下は、その女友達から聞いた話だ。

Cさんが付き合った最初の男性は、はじめは普通の人に見えた。順調に交際し、半同棲して婚約までいった。ところがある時、その男性が結婚資金を持って逃げてしまったのだという。

2人目の男性は、1人暮らしと言っていたのに妻と別居していただけだった。不倫関係になったが、その関係も長くは続かず、1年足らずで破局。3人目にイケメンが近づいてきたと思ったら、その男はこれまで何十人もの女性と付き合ってきたことを自慢するような女たらし。Cさんは〝最後の女〟になれずに破局した。そして最後に登場したのが、DV男だ。

彼ははじめ、イケメンとは正反対の、理性的で落ち着いた人のように見えたそうだ。この人となら、とCさんは思った。

ところがひょんなことから、彼女の過去の男性遍歴がばれ、その男は突如、DV男に豹変したのだという。

それ以降、ちょっとしたことで喧嘩をすると、彼はCさんを「売女」呼ばわりするようになった。それも人前でネチネチと責め続ける。

ある時、怒った彼氏の手が彼女の顔に当たり、植え込みに倒れ込んだ。すると、彼氏は目に涙を浮かべながら土下座して謝ったらしい。Cさんによればその出来事は、「喧嘩して彼がちょっと手を振り払っただけ」だという。

彼氏は「本当は楽しい人」だそうだが、彼氏の機嫌が悪くなることをCさんは極度に恐れていた。女友達といる時も、携帯に入るメールをずっと気にしていた。

女友達にはCさんが幸せとは思えなかった。「そんな人とは別れたら？　売女呼ばわりするような男はどうかしている」と言うと、彼女は「でも私にも悪いところがあるし、いつもそういうわけじゃない」と彼をかばったのだという。

典型的すぎて恐ろしいほどだが、女性を支配したがる男性につかまりやすい特徴を、このCさんは兼ね備えている。

まず、「罪悪感を覚えやすいタイプ」であるということ。女友達が彼氏の悪口を言った時、Cさんは「私にも悪いところがある」と言っている。他人を攻撃し、支配しようとする側は、この「罪悪感」を巧みに使う。先のDV彼氏なら、「おまえがおれを傷つけるようなことをするから悪いんだ」「おまえがおれに正直に話していないからこうなるんだ」などと、彼女を責めていたに違いない。そういう言葉を受け入れてしまいやすい女性ほど標的となる。

二つ目は、「他者の欲望を満たそうとするタイプ」であること。そもそも女性には、そういう面があるのだが、Cさんは徹底していたようだ。付き合ったどの相手もかいがいしく世話し、相手の欲望を完璧に満たそうとする。そういう女性ほど受け身で、自分の欲望を持つことがなかなかできない。

そして三つ目は「自己評価が低いタイプ」。傍から見ればCさんは、かわいくて気が利いて、仕事もできる頑張り屋さんである。でもそれに彼女自身が満足できていない。自分はつまらない人間だ、たいしたことのない人間だ、という意識が彼女にある。だからこそ、捨てられないように一生懸命努力する。少々、理不尽なことをされても、自分が耐えなければならない、と考えるのである。

こうした特徴に心当たりがある人は、女を貶める男のターゲットになりやすい。幼い頃から真面目でいい子だった女性ほど当てはまりやすいので、気をつけておいたほうがいい。

貶められやすい女性は、母親との関係を見直す必要が

Cさんのケースで、もう一つ気になったのは、彼女がずっと実家に住んでいて、それも仲良し家族だという点である。父親と母親の関係も良好だし、彼女も両親のことが好きだと言ってはばからない。兄との関係も悪くない。結婚した兄夫婦と一緒に、よく遊びに行ったりもするそうだ。

幸せな家庭に育ち、世間から見ても〝いい娘さん〟のはずである。それなのに、Cさんはなぜ、自己評価が低く、罪悪感を覚えやすく、自分で自分を認めることができないのだろうか。

おそらく、話には出てきていないが、母親とCさんとの関係に、何か原因があるのだろう。近頃、母と娘の葛藤は注目のテーマだが、Cさんの家族にも、実はそういう側面があったのではないかと推測できる。

たとえば、Cさんは子供の頃、兄と暗黙のうちに比べられたせいで、自己評価が低くなったとも考えられる。男兄弟がいる場合、母親というのは、概して男の子をかわいがるものだ。「お兄ちゃんはすごい。お兄ちゃんは偉い（でも妹のあなたはダメね）」という母親からのメッセージを、暗黙のうちに彼女は受け取っていたのではないだろうか。

私自身、それに近い経験がある。2人姉妹として育ったが、子供の頃は父方の祖父母と同居していた。そこでの母と祖母の嫁姑関係はすさまじかった。祖母は母に対し、「跡継ぎの子を産めなかった」と事あるごとに責めていた。それをそばで聞くたびに、私は生まれてきてはいけなかったのかと幼心に感じたものである。

しかも祖母は、「60歳になったらお寺参りをするのを楽しみにしていたのに、孫のお守りなんかさせられて」と愚痴をこぼし、私の中に母と似ている面を見出すたびに罵倒した。今から思えば、心理的虐待以外の何ものでもないが、子供の頃に、大人からこうした心ないメッセージを送られれば、なかなか自分で自分を認められない。

さらに、DV男につけ込まれてしまったCさんは、母親からおそらく、もう一つのメッセージも受け取っていたはずだ。それは、「お母さんより幸せになってはいけない」「お母さんを捨てないで」というものである。母に支配された娘が受け取る典型的なメッセージである。

小倉千加子氏の『松田聖子論』の中に、このような母と娘の関係性を言い表した名文がある。

> 母親とは、娘に送りつけられた世間の代理人です。それはマン・ツー・マン・ディフェンスでもって、娘を男社会の庇護の中に押しとどめようとするのです。
> 娘と母のあらゆる対立は、たった一言で表現できます。それは娘の「捨てたい」欲求と母の「捨てるな」命令の葛藤です。
>
> （小倉千加子『増補版　松田聖子論』朝日文庫）

母親は、娘が世間の規範と違うことをするのを体を張って止めようとする。一方、娘はその安穏な世界を捨てようとする。娘がそうしたいということは、安穏な世界に含まれる母親もまるごと捨てたいということになる。そんな娘のわがままを、母親は許すわけにはいかない。

そうして、「私を捨てないで」という暗黙のメッセージを送り続け、ありとあらゆる方法で、娘を〝正しく〟導こうとする。

いわゆる不真面目な娘なら、そういう母親の欲求はスルーして母から離れていく。ところが、いい子ほど母親を裏切れない。母の欲望を満たそうとする。

その真面目なCさんも、母親をどうしても捨てられなかった。だからこそ、自分を大事にしてくれる男性と付き合って母親を捨てる道より、おかしな男とばかり付き合っては破局し、家に戻ったとも考えられる。

幸せになって家を出るという道を見出せず、しかも何度も同じことを繰り返してしまう。これは精神分析で「反復強迫」と呼ばれるもので、いわゆる「だめんず」ばかりと付き合う女性には、こうした一面が潜んでいることが多いのである。

男女はわかりあえなさがあって当たり前

ところで、私はよしながふみさんの『きのう何食べた？』という漫画を愛読している。この漫画はゲイカップルの日常を描いた作品だ。私がよしながさんの漫画を読むようになったのは、小説家の三浦しをんさんの影響である。彼女のエッセーの中にＢＬ（ボーイズラブ）漫画の書評が数多くあり、特に絶賛していたのがよしながさんの作品だった。

よしながさんの作品は、絵が美しいこともあるが、何よりも人間の心理が見事に描かれている。どうしてだろうとずっと考えていたけれど、その答えを最近見つけた。

三浦さんとの対談で、よしながさん自身が、「互いにわかりあえないことがあった時に、その『わかりあえない』という思いが私がものを描く原動力になる」（『あのひととここだけのおしゃべり』白泉社文庫）と語っているのである。

この「わかりあえなさ」は、私が精神科医として日々経験していることでもある。患者さんの悩みや悲しみ、そして根底に潜む問題を頭では理解できても、必ずしも共感できるわけではないからである。

しかし一方で、診察を受けに来る「いい人たち」には共通点がある。それは、「人と必ずわかりあえる。わかりあえないことなどない」という幻想を信じているところだ。

自分が一生懸命、尽くして努力すれば、相手と必ずわかりあえるものだと信じている。いい娘にしても、いい妻、いい母にしてもそうである。わかりあえるという幻想を持ち続けているからこそ、夫や子供、お姑さんの欲望といったことまで、すべて満たそうとする。それができないと言って悩み、方向性を見失うのだ。

しかも完璧主義の女性ほど、「オールオアナッシング」で自分を追いつめてしまう傾向が強い。100点満点でなければ意味がないと思ってしまうのだ。それでできないと、今度は何もする気がなくなって落ち込んでしまうこともある。

けれども、人と人である限り、相手の欲望を100％満たすのは不可能だ。家族であっても、ましてや男と女であれば、わかりあえなさというのは、どうしても残る。その辺の機微を感じ取れる能力がないと、尽くしている本人がしんどくなるだけだ。それに、よかれと思ってやったことが、相手にとってはありがた迷惑ということは、現実世界ではたくさんある。

そこでもし、人とは理解しあえないものなのだ、だからすべて相手の思い通りにする必要はないのだ、とはじめから思えていたらどうだろう。もともと理解しあえないのだったら、相手のために自分のすべてを捧げて、疲れ果てることもない。

たとえば、夫婦喧嘩になって妻が突然、「私はこんなにあなたに尽くしてきた。こんなに頑張ってきた。なのに、あなたは私のことなんか全然わかってくれないのね」などと爆発することもないだろう。夫も、「おまえこそ、おれはこんなに仕事で忙しいのに、わかってないじゃないか」と言って責め返したりすることもないはずだ。

フロイトは男女の差異について、「解剖学的性差は『一つの運命』なのである」(「エディプス・コンプレックスの崩壊」1924年)と言っている。フロイトの言葉通り、人間の心の構造は、男性に生まれるか、女性に生まれるかによって、ある程度は決まってしまう。

男性に女心がわからないのはなぜか。それは男性に生まれたからにほかならない。逆もまたしかり。

そうしたことをわかっているのといないのとでは、お互いにとって、生きやすさがまったく変わってくるのではないだろうか。

おわりに

「男尊女卑の精神病理に関する本を出しませんか」というお話を幻冬舎の相馬裕子さんからいただいたのは、昨年の夏である。

それから、約1年かけて、男尊女卑の感覚が身近な問題にどんなふうに表れているのかについて、分析してきた。こんなこともあるよね、あんなこともあるよね、と言いながら。

相馬さんは私よりかなり若いし、東京に住んでいるので、私と比べると、こういう問題で悩まされる機会は少ないのではないかと思っていたのだけれど、それでもいろいろ大変なことがあるんだなあというのが、私の実感である。

私だって、同年代の女性と比べると、苦労が少ないほうだと思うが、それでもいまだに忘れられない幼児期の経験がある。私は、妹と2人姉妹で、父方の祖父母と同居していた。祖母と母のいがみ合いが日常茶飯事だったせいか、祖母が母を、「跡継ぎの男の子を産めなかった」と責めたことがある。その時、自分が男の子ではないことが悔しかった。

また、成績が結構良かったので、近所のおばさんなんかからほめられることが多かったのだけれど、ある時、「あんたが男の子だったら良かったのにねえ」と言われて、ちょっぴりショックを受けた。

このような経験があるので、知らず知らずのうちに被害者意識を抱いているようなところがあるかもしれない。こうした被害者意識をできるだけ出さないように極力気をつけた。自分自身の能力のなさや努力不足を棚に上げて、男尊女卑の問題にすり替えているような女性を見かけるたびに、みっともないと感じているからである。

この本を書きながら、私自身がこれまであまり意識していなかった男尊女卑の感覚にも気づかされた。第1章で取り上げた男性のお茶出しに対する抵抗である。

最近東京の出版社に行くことが多く、男性のお茶出しに遭遇する機会が増えた。相馬さんとの打ち合わせで幻冬舎にうかがった時も、若い男性がお茶を出してくださって、私は何となく違和感を覚えた。お互いに何も言わなかったが、私は、子供の頃に明治生まれの祖母から刷り込まれた「女は男を立てるべき」という考え方がいまだに染みついているのかしらと思ったものだ。

こんなふうにして、お互いの経験を話し合いながら、フロイトの精神分析理論にもとづいて分析してきた。本文中で引用したフロイトの論文は、『エロス論集』（中山元編訳　ちくま学芸文庫）に収められているので、興味のある方は、是非お読みください。

この本は、相馬さんの情熱と忍耐のおかげで完成しました。心から感謝いたします。本当にありがとうございました。

２０１５年７月

片田　珠美

著者略歴

片田珠美《かただたまみ》

広島県生まれ。精神科医。京都大学非常勤講師。

大阪大学医学部卒業。京都大学大学院人間・環境学研究科博士課程修了。

フランス政府給費留学生として、パリ第8大学精神分析学部でラカン派の精神分析を学ぶ。

精神科医として臨床に携わり、臨床経験にもとづいて犯罪心理や心の病の構造を分析。

精神分析的視点から、社会の根底に潜む構造的な問題も探究している。

主な著書に、『他人を攻撃せずにはいられない人』（PHP新書）、

『他人の意見を聞かない人』（角川新書）、

『他人の不幸を願う人』（中公新書ラクレ）などがある。

幻冬舎新書 381

男尊女卑という病

二〇一五年七月三十日 第一刷発行
二〇一五年八月十五日 第二刷発行

著者 片田珠美
発行人 見城 徹
編集人 志儀保博
発行所 株式会社 幻冬舎
〒一五一-〇〇五一 東京都渋谷区千駄ヶ谷四-九-七
電話 〇三-五四一一-六二一一(編集)
〇三-五四一一-六二二二(営業)
振替 〇〇一二〇-八-七六七六四三
ブックデザイン 鈴木成一デザイン室
印刷・製本所 株式会社 光邦

検印廃止
万一、落丁乱丁のある場合は送料小社負担でお取替致します。小社宛にお送り下さい。本書の一部あるいは全部を無断で複写複製することは、法律で認められた場合を除き、著作権の侵害となります。定価はカバーに表示してあります。

Printed in Japan ISBN978-4-344-98382-3 C0295
か-19-1
幻冬舎ホームページアドレス http://www.gentosha.co.jp/
*この本に関するご意見・ご感想をメールでお寄せいただく場合は、comment@gentosha.co.jp まで。

幻冬舎新書

鍋田恭孝
子どものまま中年化する若者たち
根拠なき万能感とあきらめの心理

幼児のような万能感を引きずり親離れしない。周囲に認められたいが努力するのは面倒——今そんな子どもの心のまま人生をあきらめた中年のように生きる若者が増えている！　ベテラン精神科医による衝撃報告。

榎本博明
病的に自分が好きな人

まわりとトラブルを起こしてばかりの自分大好き人間が増えている。なぜ増えているのか、なぜ自分にしか関心が向かないのか等、その心理メカニズムから自己愛過剰社会の特徴までを徹底分析。

岡田尊司
あなたの中の異常心理

精神科医である著者が正常と異常の境目に焦点をあて、現代人の心の闇を解き明かす。完璧主義、依存、頑固、コンプレックスが強いといった身近な性向にも、異常心理に陥る落とし穴が。

香山リカ
イヌネコにしか心を開けない人たち

いい大人がなぜ恥ずかしげもなく溺愛ぶりをさらしてしまうのか？　イヌ一匹ネコ五匹と暮らす著者が「人間よりペットを愛してしまう心理」を自己分析。ペットブームの語られざる一面に光をあてる。

幻冬舎新書

鈴木伸元

性犯罪者の頭の中

性犯罪者に共通するのは日常生活での〝満たされなさ〟。その感情がどう変化し、彼らを性犯罪へと駆り立てるのか。性犯罪者の知られざる心の闇を赤裸々に綴った一冊。

石蔵文信

なぜ妻は、夫のやることなすこと気に食わないのか

エイリアン妻と共生するための15の戦略

恋人が可愛く思え短所さえ許せたのは盛んに分泌される性ホルモンの仕業。異性はエイリアンにも等しく異なる存在で、夫婦は上手くいく方が奇跡だ。夫婦生活を賢明に過ごす15の戦略を提言。

荻上チキ

僕らはいつまで「ダメ出し社会」を続けるのか

絶望から抜け出す「ポジ出し」の思想

注目の若手評論家が、政治・経済、社会のバグ（問題）を総チェック。個人の生きづらさから、意見・提言へのバッシングが横行する日本で、よりポジティブな改善策を出し合い、社会を変える方法を提言。

諸富祥彦

人生を半分あきらめて生きる

「人並みになれない自分」に焦り苦しむのはもうやめよう。現実に抗《あらが》わず、今できることに集中する。前に向かうエネルギーはそこから湧いてくる。心理カウンセラーによる逆説的人生論。

岡田尊司
アスペルガー症候群

他人の気持ちや常識を理解しにくいため、突然失礼なことを言って相手を面食らわせることが多いアスペルガー症候群。家庭や学校、職場でどう接したらいいのか。改善法などすべてを網羅した一冊。

岡田尊司
ストレスと適応障害
つらい時期を乗り越える技術

「適応障害」は環境の変化になじめなかったり、対人関係がうまくいかずに生じる心のトラブル。どうすれば改善するのか？　すぐに実践できる方法を、百戦錬磨の専門医がわかりやすく紹介。

春日武彦
精神科医は腹の底で何を考えているか

人の心を診断する専門家、精神科医。彼らはいったいどういう人たちなのか。世間知らずな医師、救世主ぶる医師、偽善者の医師などなど100名をリアルに描き出し、心を治療することの本質に迫る！

岡田尊司
境界性パーソナリティ障害

普段はしっかりしている人が、不可解な言動を繰り返す、境界性パーソナリティ障害。ある「きっかけ」で、突然そういう「状態」になるのはなぜか。理解しがたい精神の病を、わかりやすく解説。